사회생활은
처음입니다만

살벌한 비즈니스 세상에 필요한 서바이벌 센스

사회생활은 처음입니다만

초판 1쇄 인쇄 2019년 4월 24일
초판 1쇄 발행 2019년 4월 29일

지은이 박하연

발행인 백유미 조영석
발행처 (주)라온아시아
주소 서울특별시 서초구 효령로 34길 4, 프린스효령빌딩 5F

등록 2016년 7월 5일 제 2016-000141호
전화 070-7600-8230 **팩스** 070-4754-2473

값 14,500**원**
ISBN 979-11-89089-82-5 (13320)

라온북은 독자 여러분의 소중한 원고를 기다리고 있습니다. (raonbook@raonasia.co.kr)

살벌한 비즈니스 세상에
필요한 서바이벌 센스

박하연
지음

사회생활은
처음입니다만

RAON
BOOK

아프니까 청춘이라고?
청춘도 아프긴 싫어!

나는 대한민국의 청년들을 매우, 열렬히 사랑하는 청년이다. 부족하게나마 나도 '누군가에게 도움을 줄 수 있는 사람, 선한 영향력을 끼칠 수 있는 사람'이 되는 것이 언제나 내 삶의 소명이었다. 그런 마음을 품어서인지 나는 10대 후반부터 전국으로 공연, 캠프, 강의를 다니면서 수많은 청소년과 청년을 만났다. 그리고 취업 후에는 교육, 상담 분야에서 많은 청년들을 만나면서 그들의 진로를 함께 고민하고 취업을 도와주는 커리어코치로 활동하고 있다.

잘 살고 싶은데 잘 살아가는 방법을 모르는 청년이 너무나도 많다. 사실 '잘 살아간다는 것'의 기준은 굉장히 주관적이고 추상적일 수 있다. 하지만 기본적인 원리는 동일하다. '내 인생을 스스로 잘 경영해갈 수 있는가?'라는 질문에 대답할 수 있다면 누구든지 자신의 색깔대로 인생을 살아갈 수 있다.

지금 대한민국의 20대 청년들은 큰 위기를 맞고 있다. 고등학교 때까지는 그저 좋은 대학에 진학하기 위한 목표만을 바라보며 공부에 매진했고, 대학에 진학해서는 취업을 위한 목표만을 바라보고 달려왔다. 학과 공부뿐 아니라 각종 공모전, 토익, 스피킹, 제2외국어, 해외 연수 등 이름도 다양한 여러 스펙을 채우기 위해 하루 24시간이 모자라다. 그렇게 점점 더 '나'의 진정한 모습과 가능성을 발견하지 못한 채 막연히 좋은 곳에 취업을 해야 한다는 의무감으로 20대를 온전히 취업 시장에 바치는 셈이다. 이것이 과연 행복한 인생일까?

"원래 그 시기에는 다 혼란스럽고 어렵고 힘들지. 아픈 게 당연해, 아프니까 청춘이라잖아."

누군가는 청년들을 향해 이렇게 조언한다. 하지만 나는 그렇게 생각하지 않는다. 아픈 게 당연한 시기는 없다. 아프니까 단단해지는 거라고 하지만 아프지 않고서도 충분히 단단해질 수 있다. 단지, 방법을 모르는 것뿐이다.

20대에게는 무한한 가능성과 탁월성이 숨겨져 있다. 만약 그 탁월성을 발견하고 활용한다면 충분히 지금보다 더 행복해질 수 있고 앞으로의 인생을 충분히 잘 경영해나갈 수 있다. 이제 20대의 성인이 된 스스로에게 원론적인 질문을 던져보아야 한다.

'나는 누구인가?', '나는 무엇을 잘하는가?', '나는 어떤 분야에 탁월성이 있는가?', '나는 앞으로 어떻게 커리어를 쌓아야 하는가?', '나는 무엇을 이루기 위해 일을 하는가?', '나는 조직에서 어떤 역할을 담당하는가?', '나는 조직에서 무엇을 공헌해야 하는가?'와 같은 여러 질문들에 대한 답을 찾아가며 끊임없이 자신을 찾는 과정을 거쳐야 한다. 그 이후로는 사회생활을 통하여 배우는 일(업무)과 관계(조직생활)에서 자신의 장단점을 발견하며 미성숙한 부분들을 바로잡아야 하고 관계를 주도하는 능력을 익혀야 한다. 당신이 지금 꿈꾸고 있는 모습 그대로 빛나는 30대를 맞이하고 싶다면 말이다.

이 책은 총 5장으로 구성했다. 1장에서는 성인이 되어 가장 먼저 해야 할 공부는 바로 '나'임을 강조하며 '나에 대한 공부'를 하는 법을 소개했다. '나의 현재' 위치를 정확히 알아야 앞으로 나아갈 방향과 속도를 설정할 수 있기 때문이다. 더불어, '나' 자신이 왜 변화를 선택해야 하는지에 대한 동기부여를 심어주려 애썼다.

2장에서는 사회생활을 준비할 때 알아야 할 정보들과 자신의 강점을 '업'에 연결하는 능력이 얼마나 중요한지에 대한 내용을 담았다. 특히 아르바이트생이나 취업 준비생이 읽으면 도움이 될 내용이다.

3장에서는 어떠한 곳이든 한 달 만에 에이스로 인정받을 수 있는 비결을 담았다. 이는 내가 어느 조직에서도 '놓치고 싶지 않은 직원, 함께 일하고 싶은 직원으로 인정받아왔던 비결이기도 하다.

4장에서는 우리가 사회생활을 하면서 기본적으로 알아야 할 근로기준법을 소개했다. 근로계약서 작성법은 특히 주목해서 읽기 바란다. 이외에 연장, 야간, 휴일근로 때 받아야 할 급여, 4대 보험, 퇴직금 및 실업급여제도에 대해서도 간략히 소개했다.

5장에서는 사회 초년생으로 사회에 발을 내딛는 청년들에게 필요한 안팎의 자잘한 '팁'을 적었다. 이력서와 자기소개서 쓰는 법부터 면접의 기술 등 입사에 필요한 팁뿐 아니라 독립한 청춘들이 자취방을 구할 때 어느 부분에 중점을 두어야 하는지도 상세히 소개했다.

당신이 이 책을 읽는 시간과 노력을 투자한 만큼 이 책은 당신에게 가치 있는 책이 되어줄 것이다. 때로는 당신의 친구이자 때로는 당신의 조언자이자 때로는 당신의 길잡이가 되어줄 것이다. 이 세상의 중심이며 이 세상의 주인공인 당신을 위해 이 책이 전하는 메시지가 당신의 마음을 울리기를 바란다. 그리고 이 세상 75억 인구 중에 가장 귀한 당신의 인생이 좀 더 행복해지는 데 도움이 되면 좋겠다.

커리어코치 박히연(히니)

| 차례 |

| PART 2 |
아르바이트 경험을 살린다 ----------

|PART 5|
사회초년생 생존 족보

· PART 1 ·

카멜레온처럼
변신해야
살아남는다

90년대생 밀레니얼세대만의
사회생활 생존법은 다르다

'밀레니얼'들의 등장

요즘 밀레니얼(Millennials) 세대가 많은 관심을 받고 있다. 오죽하면 《90년생이 온다》라는 책까지 나왔을까?

'밀레니얼'은 미국의 세대전문가인 닐 하우(Neil Howe)와 윌리엄 스트라우스(William Strauss)가 《세대들, 미국 미래의 역사(Generations: The History of America's Future)》에서 처음 언급한 용어로, 1980년대 초(1980~1982년)부터 2000년대 초(2000~2004년)까지 출생한 세대를 일컫는다. 그리고 미국의 조사기관인 퓨리서치센터(Pew Research Center)는 '1981~1996년에 사이에 태어난 인구'를 밀레니얼 세대라고 칭한다.

나는 딱 중간 범위에 자리 잡고 있는 1990년생 밀레니얼이다. 초등학교 4학년 때 우리 집에 처음으로 컴퓨터가 생겼는데, 당시 너무나도 행복한 마음으로 하루 종일 넷마블 테트리스를 했던 기억이 있다. 중학교 때 받은 180도 회전 카메라가 장착된 핸드폰은 그 자체로 나의 자부심이었다. 그때까지만 해도 영상통화는 생각도 못 했는데 불과 몇 년 후 영상통화가 가능해졌다.

'밀레니얼'들은 이처럼 세상이 빠르게 달라지는 동안 그 모든 변화들을 실제 생활에서 깊숙하게 경험해왔다. 그래서 변화에 빠르게 적응하는 것일까? 아니, 어쩌면 적응해야만 살아남을 수 있도록 세상이 급변했다는 말이 더 사실에 가까울지도 모르겠다. 현재 세상의 변화 속도는 내 어린 시절과는 또 비교도 할 수 없을 만큼 빠르니까. 이런 세상에서 어떻게 살아남을까를 나는 밤마다 고민하고 또 고민한다.

세상은 점점 더 좋아지는데 왜 우리들이 서 있을 자리는 점점 더 없어지는 것일까? 변하는 세상을 바라보며 마냥 세상 탓만 할 수는 없다. 나는 앞으로도 이 세상에 빠르게 적응하는 사람이 되고 싶다. 그것도 아주 잘. 결국 앞으로의 세상은 밀레니얼이 주역이 되어 만들어갈 세상이기에 더더욱 그렇다.

밀레니얼들은 '예의' 없지 않다

어떤 이들은 밀레니얼 세대를 보고 "일하기 싫어하고 놀기만 좋아하는 세대"라고 비난하기도 한다. 과연 그럴까?

기업들은 대개 직원에게 일정 정도 투자를 한다. 회사에 도움이 되는 인력을 키워야 경영에 도움이 되기 때문이다. 그런데 '투자'는 회사만 할까? 회사만 직원에게 투자하는 것이 아니다. 직원도 회사에 자신의 삶과 에너지를 투자한다. 투자할 만한 가치가 있는 회사라고 여겨지면 회사의 성장과 함께 자신의 성장과 미래를 그리며 시간과 열정, 아이디어를 투자한다. 퇴근 후에는 자신에게 필요한 역량을 스스로 개발하고자 노력한다. 그 결과 대표나 상사로부터 인정받고 그에 따른 보상이 주어질 때 그동안 쏟아냈던 '열'과 '성'에 대해 자부심과 희열을 느낀다.

이것이 밀레니얼이 '워라밸', 즉 일과 개인적 삶의 균형(Work and Life Balance)을 무엇보다 중요한 가치로 여기는 이유이다. 일부 기성세대들의 오해처럼 '칼퇴'하고 놀 생각만 하는 세대가 아니다. 밀레니얼들은 자신들의 삶을 투자할 만한 회사를 찾고 있다. 이들이 '칼퇴'를 한다면, 열정을 쏟을 만한 다른 일이 있기 때문이다. 그러므로 '칼퇴'라는 현상만으로 이들을 판단하지 않았으면 한다.

밀레니얼들은 부모님 세대처럼 부당하거나 불합리하다고 생각되는 일을 참고만 있지 않다. 아니, 참을 수 없는 세대이다.

할 말은 다 해야 한다. 부당하다고 느끼는 일에는 적극적으로 목소리를 낸다. SNS를 타고 급속히 확산한 '미투(MeToo: 성폭력 고발)'와 '미넥스트(MeNext: 총기규제 촉구)' 시위가 대표적이다. 또한 밀레니얼 세대는 투표권도 적극적으로 행사하기 시작했다.

신기하게도, 밀레니얼 친구들을 만나보면 부모님이 IMF를 맞았던 세대여서 그런지 저마다 어릴 적 힘든 가정환경에서 자란 공통점이 있었다. 또 높아진 대학 진학률 때문에 대부분 대학교에 진학했고, 학자금 대출이라는 부담을 안고 세상에 나왔다는 공통점도 있었다. 그러나 사회는 성장이 둔화되었고, 취업 준비 기간은 점점 길어졌다. 설사 취업을 하더라도 몇 년간은 학자금 대출을 갚느라 정신이 없다. 그러니 결혼이나 미래에 대한 준비는 먼 나라 이야기가 되고 자존감도 낮아지게 된 것이다.

이런 상황에서 사회생활에서 마주치는 불합리한 일에 입도 뻥긋하지 못한다면 이들은 자신들의 존재 가치를 어디에서 찾을 수 있을까? 부당한 일에 말 한마디도 못한다면 더 이상 자기 자신의 '존재에 대해서 부정적인 감정'만을 느낄 것이다. 그래서 밀레니얼 세대는 참을 수 없다. 더 이상 참지 않는 것이다.

예의 없는 것이 아니다. 부당한 일에 부당하다고 말하는 것이고, 세상을 향해 무조건 참지 않을 뿐이다. 기성세대들은 어쩌면, 이들이 말하는 '내용'에 집중하는 것이 아니라 이들의 '태도'에만 집중하는 것은 아닐까? 겉모습만 보고는 예의 없다고 치부하지 말고, 이제는 이들의 생각에 귀 기울여 주기를 바란다.

디지털 세상에서 유목하는 세대

이런 사회적 상황에서 밀레니얼들은 스스로를 위로하기 위해, 스스로에게 힘을 주기 위해 작은 사치를 부리기 시작했다. 고급 커피 브랜드인 스○○○를 매일 한 잔씩 마시며 하루의 소소한 행복을 누린다. 시간이 허락되는 한 어떻게든 해외여행을 떠나려 한다. 친구들과 만나 분위기 좋고 고급스러운 맛집을 찾는다. 그곳에서 찍는 사진 한 장이 그렇게 즐거울 수 없다. 그리고 SNS에 게시물을 올려 반응이 좋으면 또 다음에는 어디를 갈지를 고민한다. 이것이 밀레니얼들의 '소확행'이다. 어쩌면 이렇게라도 스스로를 위로하지 않으면 안 되도록 사회가 이들의 등을 떠민 것은 아닐까? 이들 삶의 유일한 낙이자 행복이 이렇게 소소한 것인데 어째서 사회의 곱지 않은 시선을 느껴야 할까?

세상이 젊은이들을 주목한 것은 이들이 '노마드(Noamd)'적 특성을 활용하여 새로운 산업과 트렌드를 만들어가고 있기 때문이다. 노마드(정확히는 '디지털 노마드'가 맞겠다)란 디지털 기기를 들고 다니며 시공간의 제약을 받지 않고 자유롭게 사는 사람들로, 제한된 가치와 삶의 방식에 매달리지 않고 끊임없이 자신을 바꾸어 가는 유목민을 뜻한다. 즉 '시간과 공간의 제약 없이 자유롭게 일하는 사람'을 가리킨다. 대표적으로 파워 블로거, 유튜브 크리에이터, 온라인 쇼핑몰, 1인 기업가, 프리랜서 등을 꼽을 수 있다.

밀레니얼들은 노마드맨을 부러워하며 자신도 노마드맨이 되기 위해 꿈꾼다. 자신이 좋아하는 일을 하며 원하는 시간만큼 일하고 고수익을 낼 수 있는 일이 있다는 것에 열광한다. 누구나 쉽게 될 수 있는 것은 아니지만, 대부분 이런 직종에서 활발하게 활동하는 친구들이 밀레니얼 세대인 것은 분명하다. 지금 밀레니얼 세대는 세상을 바꿔가는 중이다.

가장 강력한 스펙은
'나다움'이다

'나다움'이란 무엇일까?

나는 언제나 '나다움'을 추구한다. 나다운 패션, 나다운 헤어스타일, 나다운 화장법, 나다운 말투, 나다운 행동, 나다운 시간. 그런데 나답다는 것에 대해 정의를 내리기까지는 결코 쉽지 않았다. 아주 많은 시간이 걸렸다. 그런데 나다움에 대한 정의가 내려지는 순간 나는 그 누구보다 빠르게 달려갈 수 있는 힘이 생겼다. 내 인생을 행복하게 즐길 수 있는 마음이 생겼다. 내 존재에 대한 기대와 미래에 대한 갈망이 생겼다.

그것을 발견하기 전까지는 타인의 기대에 부응하기 위해 나의 시간을 소모했다. 부모님을 기쁘게 해드리기 위해 공부했고 선생님에게 칭찬받기 위해 행동했다. 그런데 나다움을 발견하게 되니 나를 위해 공부하기 시작했고 내가 목표하는 바를 책임지기 위해 행동하기 시작했다. 그 이후 아주 많은 것들이 달라지기 시작했다. 그렇다. 인생은 나다움을 발견하는 순간 달라진다.

'나다움'을 영어로 표현하면 'being myself', 'It's like me'이다. 그대로 직역하면 '나 되기, 나답다'라고 해석할 수 있는데 대부분의 성공한 사람들을 살펴보면 나다움을 잘 알고 자신의 인생을 나답게 만들어간 사람들이라고 한다. 이를 심리학적 용어로 정의하자면 자기이해 지능(자기이해 능력, 자기인식 능력)으로 말할 수 있다. 자기이해 지능(intrapersonal intelligence, 自己理解知能)의 사전적 의미는 '자신에 대한 정확한 지각과 자신의 인생을 계획하고 조절하는 지식을 사용할 수 있는 능력'으로 요약할 수 있다. 바로 이런 지능을 활성화시키기 위해서 가장 먼저 필요한 것이 바로 '나다움'을 아는 것이다.

수많은 상담심리학자들은 예전부터 자신을 알기 위해 다양한 도구를 개발했다. 대표적으로 우리가 많이 활용하고 있는 도구는 MBTI, 홀랜드, 애니어그램, DISC 등이다. 요즘에는 워낙 이런 도구들이 활발하게 사용되고 있어서 청소년 시기에는 누구나 한 번쯤 이 도구 가운데 한 가지라도 사용한 경험이 있을 것이다. 하지만 10대 때 한 검사와 20대가 된 지금의 검사 결과는 달라질 수 있다. 사람은 언제나 환경에 자극을 받고 변화하고 성장하는 능력이 있기 때문이다.

그러므로 10대 때 한 번쯤 경험했더라도 20대에 다시 한 번 이 같은 상담 도구들을 활용하여 자신의 특성과 성향을 파악해볼 것을 권유한다. 물론 이러한 도구들을 100퍼센트 신뢰하기는 어려울 수 있다. '나다움'을 알기 위해 조금은 도움이 될 수 있으나 근본적으로 나다움을 알기 위해서는 끊임없이 '나'에 대해서 생각하고 연구하고 공부해야 한다.

'나답게' 나다움을 위하여

사람은 이 세상에 태어나 '나'라는 육체를 갖고 '나'의 정신을 활용하며 살아간다. 그런데 '나'의 육체와 정신을 매일 활용하고 있음에도 대부분의 사람들은 '나'에 대해서 잘 알지 못한다. 가장 단순하게 이야기하자면 자신이 좋아하는 것과 싫어하는 것은 무엇인지, 자신의 강점과 약점은 무엇인지, 자신의 성향은 외향성인지 내향성인지, 자산이 대인관계를 하는 특성은 어떤지에 대해서 제대로 모른 채 살아왔다. 그저 학교 교육에 충실하게 사는 것이 최고인 듯 여겨지는 사회구조적인 분위기에 휩쓸려 '나다움'을 공부하기보다는 교과서를 공부하는 시간이 많을 수밖에 없었다. 그래서 수학 공식보다도 자신에 대한 정보가 부족할 수밖에 없었다.

그렇게 성인이 된 이들이 '나다움'을 정의 내리기란 너무나 어려울 수 있다. 하지만 20대에 '나다움'을 발견하지 못한다면 행복한 인생을 살아갈 수 없다. 단언컨대 '나다움'이 '나'의 인생을 행복하게 만들어갈 것이며 '나'는 가장 '나다울' 때 최고의 능력을 발휘하게 될 것이다.

이제는 '나'를 공부하는 시대에 접어들었다. 자신을 잘 이해하는 사람은 자기 도식의 특성이 확실하기에 어떤 정보를 처리할 때도 빠르게 처리하고 새로운 정보를 자신에 맞게 여과하는 능력이 탁월하다. 그리고 '나다움'을 잘 아는 사람은 자신에 대해 긍정적인 도식을 갖고 있다. 그렇기 때문에 주변 환경으로부터 스스로를 독립적인 존재로 인식하며 어떤 상황에서도 자율적으로 판단할 수 있고 높은 '자기 존중감'으로 스스로를 보호할 수 있다. 말 그대로 자신을 지킬 수 있고 자신의 강점을 활용할 수 있기 때문에 부정적인 환경과 상황의 변화에 크게 요동하지 않는다. 이는 곧 '문제해결 능력'으로도 이어진다. 사회생활에서나 대인관계에서 문제해결자의 역할을 감당하게 되고 그로 인해 인정받는 사람으로 인식되는 것이다.

또한 자신을 이해하는 능력은 자신의 행동을 돌아볼 수 있는 '자기성찰 지능'으로 확장되어 끊임없이 스스로를 돌아볼 줄 알고 성찰하는 시간을 갖게 된다. 이런 '로직'을 통해 '나다운' 사람들은 끊임없이 성장하게 되는 것이다. 또 '나'를 이해하는 능력만큼 타인을 이해하고 배려하는 수준도 높다. 자신의 가치관대로 상대를 평가하는 것이 아니라 타인도 독립적인 존재로 인식하여 타인의 가치관을 있는 그대로 존중하게 된다. 그러므로 많은 사람들과 쉽게 친해질 수 있으며 긍정적으로 대인관계를 만들어가게 된다. 이와 같은 유익들이 바로 그 어떤 스펙보다도 당신이 '나다움'을 공부해야 하는 이유이다.

사람은 '나다울' 때 가장 행복하다

"지금까지의 인생 중에서 가장 행복했던 순간은 언제였는가?"

스킨십이 어색했던 부모님께 처음으로 내가 먼저 다가가 따스하게 안아드릴 때, 툭하면 싸우기만 하던 동생 생일날 손수 미역국을 끓여주었을 때, 9박 10일 첫 해외여행에서 비를 맞으며 〈singing in the rain〉 노래를 불렀을 때, 수많은 무대 위에서 사람들에게 감동적인 메시지를 전달했을 때…… 이런 모든 순간들이 나에게는 잊을 수 없는 너무나도 행복했던 기억이다. 또한 누군가에게 내가 도움을 주고 그들로부터 고맙다는 인사를 받고 내가 스스로 가치 있는 사람이라고 여겨지는 그 순간, 나는 가장 큰 행복을 누렸다.

그렇다. 나의 '나다움'은 바로 '누군가의 긍정적 변화와 성장을 돕는 일'이었다. 뒤돌아 생각해보면 지금의 내 모습은 우연이 아니라 필연이었다. 수많은 나다움들이 모여서 이렇게 지금의 내가 만들어진 것이다. 이처럼 나다움을 발견하게 되면 사람은 건강한 자존감을 갖게 되고 인생 가운데 많은 성공 경험을 통해 자신감을 갖게 된다. 비로소 나다움을 통해 자기 스스로를 더욱 빛나는 사람으로 만들어가게 되는 것이다.

딱히 떠오르는 행복했던 감정과 기억이 없다고 할지라도 실망하지 말자. 당신도 잊고 있었던 행복했던 순간들을 발견할 수 있는 안목이 생긴다면 분명 안 보이던 것도 보이게 될 것이다. 또한 앞으로 당신은 '나다운' 행복들을 만들어가기에 충분한 시간이 주어져 있는 20대가 아닌가? 20대는 가장 열정적으로 타오를 수 있기에 찬란히 빛날 수 있는 아름다운 시기이다. 이 시기를 '아프니까 청춘이다'라는 말로 어물쩍 덮어두지 말자. 가장 '나다운' 순간들로 채워보자. 자신의 가능성을 최대치로 실현시켜보자.

모두들 똑같이 20대를 보내는 것 같아도 그렇지 않다. 누군가는 자신의 인생이 아닌 남의 인생을 살아간다. 부모님의 욕망을 충족시켜드리고자 살아가는 사람도 있고 사회적인 통념에 따라 좋아 보이는 공부에 집중하는 사람도 있다. 이러한 노력이 헛되다고 말하는 것이 아니다. 나는 그 어떤 공부보다도 가장 먼저 해야 할 공부는 바로 '나다움'이라는 말을 하고 싶다. 29세에서 30세로 넘어가는 순간, '후회 없이 가장 나다웠고 가장 행복했던 20대를 보냈노라' 생각할 수 있도록 말이다. 내가 그랬던 것처럼, 당신들 모두 행복한 기대심이 가득한 30대를 맞이하기를 바란다.

나만의 강점을
융합해본다

'나'를 아는 것이 모든 일의 시작이다

　나다움을 빠르게 알 수 있는 방법은 바로 나 자신에 대한 SWOT 분석을 하는 것이다. 'SWOT'이란 스스로 자신의 강점 (Strength)과 약점(Weakness), 상황적인 기회(Opportunity)와 위기 (Threat)를 파악하고 인지할 수 있도록 검사하는 일이다. 애초에 SWOT 모형은 기업에서 내부 환경과 외부 환경을 위 네 가지 요소로 분석하여 사업의 방향을 바로잡고 대처하기 위해 쓰였다. 개인 역시 SWOT 분석을 통해 다음의 네 가지를 얻을 수 있다.

- '나'의 강점, 약점, 기회, 위협 요소들을 파악하는 시간을 갖는다.
- '나'의 강점과 기회 요소들을 어필하고 약점과 위협 요소들을 보완할 수 있는 방안을 모색한다.
- 내가 바라보는 '나'와 타인이 바라보는 '나'의 일치성을 확인할 수 있다.
- 추후 자기소개서 작성 및 면접 시 중요한 기초 자료로 활용한다.

| SOW 분석 활용 방법 |

▶ 강점(S) • 잘하고 있는 것 • 잘할 수 있는 것 ▶ 강점+기회(SO) • 기회를 활용하고 강점을 살린다.	▶ 약점(W) • 잘하지 못하는 것 • 하지 못하는 것 ▶ 약점+기회(WO) • 기회를 활용하고 약점을 보완한다.
▶ 기회(O) • 나에게 도움이될 수 있는 환경이나 사람 ▶ 강점+위험(ST) • 위험을 최소화하면서 강점을 살린다.	▶ 위협(T) • 나에게 불리하거나 위협이 될 수 있는 환경이나 사람 ▶ 약점+위협(WT) • 위협을 최소화하면서 약점을 보완한다.

강점

강점 란에는 '내가 잘하고 있는 것 그리고 지금 현재 하고 있지는 않지만 언제든지 상황이 되면 잘할 수 있는 것'들을 나열한다. 예를 들어 지금 한 달에 다섯 권씩 책을 읽고 있다면 '꾸준한 독서 습관'을 적을 수 있으며, 앞에서 발표하는 것을 누구보다 자신 있게 잘할 수 있다면 '프레젠테이션 및 발표 역량'이라고 적으면 된다.

강점을 적을 때 주의할 것은 강점과 장점을 구별하는 것이다. 보통 많은 사람들이 '장점'과 '강점'을 혼용해서 사용한다. 하지만 장점은 주관적으로 자신이 생각하기에 잘한다고 생각하는 것에 대한 범주를 말하고, 강점은 객관적으로 그 누가 보더라도 일반 사람들보다 잘한다고 여겨질 수 있는 범주를 말한다. 예를 들어 A 대리의 장점이 '포토샵을 잘 다루는 능력'이라고 했을 때 대부분의 직원들이 모두 포토샵을 잘 다루고 있다면 이것이 A 대리의 강점이 될 수 없다. 그 대신 누구보다 말을 잘하고 사교성이 좋다면 '뛰어난 언변 능력과 사교성'이 A 대리의 강점이 된다.

그러므로 강점에는 객관적인 시선이 필요하다. 그 누구에게 이야기하더라도 강점이라고 생각될 수 있어야 하고 그에 마땅한 근거와 자료 혹은 스토리가 충분히 제시되어야 한다. 강점은 객관적으로 자신을 나타내는 지표이다.

약점

약점 란에는 '잘하고 싶지만 잘하지 못하는 것 그리고 상황이 주어지더라도 피하게 되는 영역'을 적는 것이 좋다. 여기서 중요한 것은 자신이 약점이라고 생각하는 '이유'이다. 사람은 대체로 타인과 비교해서 '저 친구는 이것을 잘하는데 나는 못한다'라는 인식을 통해 '나는 이것이 약점이구나'라고 여긴다. 하지만 이것은 약점에 대한 잘못된 인식이다. 약점은 타인과 비교해서 찾는 것이 아니다.

예를 들어 소극적인 성향이라 앞에 나서서 말을 잘 못하는 친구가 있다고 가정해보자. 이런 성향인 사람에게 발표력은 약점일 수도 있고 아닐 수도 있다. 그 기준은 타인이 아니라 자기 자신에게 있다. 자신이 발표를 잘하고 싶고 지금보다 앞에 나서서 이야기를 잘하는 사람이 되고 싶다면 소심한 발표력이 약점이 될 수 있다. 하지만 자신이 발표할 상황도 많지 않고 지금처럼 자기 일에만 집중하고 조용하게 일하는 환경에서 지내는 것이 좋다고 생각된다면 발표력은 약점이 되지 않는다.

나는 취업 상담을 진행하면서 대부분의 청년들이 자신의 약점을 왜 약점이라고 여기는지에 대한 기준이 없다는 사실을 발견했다. 나는 약점을 적은 친구들에게 왜 그것을 약점이라고 생각하는지 물어보며 'Why?'를 끊임없이 찾게 했다. 그리고 결과적으로, 본인이 약점이라고 여기는 것이 약점이 아니라 오히려 강점이 될 수 있음을 스스로 깨닫게 했다. 생각의 전환을 일으킨 것이다.

기회

자신의 내면적인 요소들을 파악했다면 외부적인 환경과 요건들을 살펴볼 필요가 있다. 사람은 절대 나 홀로 성공할 수 없는 세상에서 살아가기 때문에 자신을 도와줄 수 있는 주변의 물적자원과 인적자원에 집중해야 한다. 지금 자기 주변을 돌아보자. 주어진 환경이 어떠한가? 그리고 긍정적인 영향력을 주는 주변 사람들을 생각할 때 가장 먼저 떠오르는 사람은 누구인가? 그리고 그 사람이 떠오르는 이유는 무엇인지까지 함께 적어보자. 이런 외부적인 요소들은 앞으로 자신이 어떻게 실천 전략을 수립할 수 있는지에 대한 기본 재료가 되어준다.

나는 내 인생의 기회 요소 중 하나로 집 근처에 있는 수많은 카페를 든다. 집에 있으면 내 손이 닿아야 하는 집안일들이 끊임없이 눈에 띄고, 잠깐 즐길 요량으로 켜놓은 예능 프로그램은 나의 하루를 다 잡아먹기 일쑤이다. 내가 계획한 일들을 하는 데에 안락하고 편안한 집은 그야말로 방해 요인 천지이다. 그래서 나는 휴일만 되면 노트북이나 읽을 책을 들고 무작정 집 근처 카페로 간다. 카페는 내게 사무실이자 독서실로 활용된다. 그리고 카페에 갈 때마다 나와 비슷한 친구들이 참 많다는 생각이 든다. 여러 면에서, 카페는 내 삶의 기회 요소 중 하나인 물적자원이라고 말할 수 있다.

위기

자신에게 위기가 되는 상황이나 자신의 꿈을 방해하는 위협 요소는 무엇일까? 혹은 자존감을 추락시키고 인생의 기대심을 산산히 조각내버리는 사람은 누구일까? 위기는 자신을 위협하는 물적

자원과 인적자원으로 나누어 말할 수 있다. 기회를 활용하는 법 못지않게 중요한 것이 위기를 인지하고 이에 대처하는 법을 아는 일이다. 자신에게 위기가 될 만한 환경적인 요소가 있다면 여기에서 최대한 벗어나기 위해 노력해야 하고 위협이 되는 사람이 주변에 존재한다면 관계를 멀리하기 위해 노력해야 한다. 자기 삶에서 위기 요소를 제거하지 않는 이상 사람은 빠르게 성장할 수 없다.

성공하고 싶다면 강점의 돛을 올려라

지금까지 자신의 강점, 약점 요소들을 명확히 하면서 자신의 인생을 돌아보는 시간을 가져보았다. 그리고 기회와 위협 요소들을 파악하면서 현재 자신에게 주어진 환경과 여건을 되돌아보았을 것이다. 어떤가? 이제 자신과 조금 친해진 느낌이 들지 않나?

이제 다음으로 해야 할 일은, 강점은 발전시키고 약점은 보완하는 전략을 세우는 것이다. 마릴린 보스 사반트(Marilyn vos Savant)는 "성공은 약점을 제거함으로써 이루어지는 것이 아니라 강점을 발전시킴으로써 이루어지는 것이다"라고 말했다. 강점전문가인 심리학자 로버트 디너(Robert B, Dinner) 교수 또한 강점과 약점을 돛단배에 비유하며 이렇게 말했다.

"배에 난 작은 구멍이 약점이라면, 강점은 돛의 역할을 한다. 배에 난 구멍을 막지 않으면 배는 결국 서서히 가라앉을 수밖에 없다. 그러나 구멍을 막는다고 배가 앞으로 나아갈 수는 없다. 배가 앞으로 나아가기 위해서는 돛의 역할이 핵심이다. 배에 난 구멍은 물이 새어들지 않도록 막는 것만으로도 충분하지만 강점의 돛은 더 넓혀가는 것이 중요하다."

이것이 바로 약점은 보완하되 강점을 발전시켜 나가야 하는 이유이다. 강점을 발전시킨다는 것은 그 한 가지 강점을 강화시킨다는 뜻이기도 하지만 자기 안의 또 다른 강점과 융합시켜 시너지 효과를 낸다는 뜻이기도 하다. 이는 돛을 더 크게 만들 것인지, 배 아래에 또 하나의 모터를 설치할 것인지에 대한 차이라고 볼 수 있다. 강점 하나로 자신의 탁월성을 증명하기 어려운 세상이므로 사람은 자기 안에 있는 수많은 강점 역량들을 끌어내 융합시킬 줄도 알아야 한다.

나는 10대 후반부터 20대 중반까지 7년간 공연 활동 및 행사 기획 일을 하면서 창의적인 예술성을 강점으로 키워냈으며 처음 만난 사람과도 금방 친해질 수 있는 커뮤니케이션 능력과 강의를 하는 데 필수적인 프레젠테이션 능력을 갖추게 되었다. 그 이후 취업 컨설팅 일을 하면서는 수강생들이 지루하지 않도록 새로운 강의 프로그램들을 기획했고 이를 꾸준히 발전시켜나갔다. 수강생의 의견을 들으며 프로그램에 반영하기도 했고 처음 만난 청년들과도 금세 깊이 있는 이야기를 나눌 수 있었다. 심지어 그들 가운데는 내게 연애 상담을 하러 찾아오는 친구도 있었다.

이런 경험을 통해 나는 공연 기획과 취업 컨설팅은 완전히 다른 영역인 듯 보이지만 절대 다르지 않다는 것을 깨달았다. 나의 강점 역량들을 충분히 잘 인지하고 있었기 때문에 분야가 달라졌어도 나의 강점들을 충분히 활용하고 있었던 것이다. 결론적으로 내게 상담을 받은 청년들의 만족도는 꽤 높았다. 6개월간의 훈련 기간이 끝나고 4.5점 만점에 4.5점의 만족도를 받았고 취업률도 80퍼센트 이상 달성했다.

자신에게 주어진 상황과 환경 안에서 강점을 어떻게 활용하고 사용하는지는 온전히 본인 스스로에게 달려 있다. 한번 형성된 자신의 탁월성은 어떻게 활용하느냐에 따라 발휘될 수도, 그저 묻힐 수도 있다. 자기 안의 강점들을 융합시켜 사용할 줄 아는 사람만이 결국 세상을 이끌어가게 될 것이다. 자신의 강점과 약점을 파악하고 활용하려고 하는 태도는 그렇지 않은 사람에 비해서 자신의 인생을 성공시킬 수밖에 없는 사람이 되도록 만들어준다.

나의 강점을 찾는 SWOT분석하기

예시

▶ S: 강점 • 무슨 일이든지 한번 시작하면 최선을 다해 열심히 한다. • 물건이든 자료든 꼼꼼하게 정리를 잘한다. • 대인관계가 좋다. • 새로운 도전을 좋아한다.	▶ W: 약점 • 건망증이 있다. • 무슨 일이든지 너무 잘하려는 욕심이 많다. • 집에 혼자 있으면 침대에 늘어지는 편이다.
▶ SO: 강점-기회 전략 • 어떠한 공동체에서든 사람들을 화목하게 이어주는 사람이 될 것이다. • 매년 초에 새로운 도전 및 자기계발 분야를 정립하고 매년 말에 그 결과를 SNS 등에 공개할 것이다.	▶ WO: 약점-기회 전략 • 스마트폰을 활용하여 할 일이나 약속을 모두 기록해두고 수시로 확인한다. • 커피를 좋아하므로 집 근처 카페를 적극 활용하여 자기계발 시간을 즐겁게 갖는다.
▶ O: 기회 요소 • 독립했으므로 퇴근 후 시간을 자유롭게 활용할 수 있다. • 힘들 때 응원해주는 가족들과 친구들이 네 명 이상 있다. • 어디에나 카페는 넘치고 24시간 카페도 있다.	▶ T: 위협 요소 • 생활 패턴을 간섭하는 사람이 없기 때문에 어떤 것을 지속해나갈 때 의지력이 많이 필요하다. • 대인관계가 좋다 보니 약속이 많다(주 4~5회).
▶ T: 강점-위협 전략 • 일주일에 2~3일 이상 약속을 잡지 않는 원칙을 정하고 나머지 시간은 반드시 운동과 공부를 한다. • 매일 스스로 의지를 관철시킬 수 있도록 잘 보이는 탁상 달력에 표시해둔다.	▶ S: WT: 약점-위협 전략 • 집에 혼자 있는 시간을 줄이고 밖에 나가는 습관을 갖도록 한다(헬스장, 카페). • 욕심을 버리고 인내심과 끈기를 키워줄 수 있는 명언들이나 좋은 책을 많이 읽는다(월 4~5권).

SWOT 분석을 해보자

▶ S: 강점	▶ W: 약점
▶ SO: 강점-기회 전략	▶ WO: 약점-기회 전략
▶ O: 기회 요소	▶ T: 위협 요소
▶ T: 강점-위협 전략	▶ S: WT: 약점-위협 전략

SWOT분석 실천전략 수립하기

성공한 사람들을 위대하게 만든 것은 '좋은 습관'이었다.

- 월트디즈니사 회장 로버트 아이거(Robert Iger)
  → 매일 아침 4시 30분에 기상하기
- 정치인이자 과학자 벤저민 프랭클린(Benjamin Franklin)
  → 매일 아침 하루 계획 세우기
- 미국의 유명한 과학저술가 티모시 페리스(Timothy ferris)
  → 멀티태스킹 하지 말기(하루 목표는 최대 두 가지)
- 보그 편집장 안나 윈투어(Anna Wintour)
  → 움직이기(매일 한 시간씩 테니스, 활동적인 취미)
- 애플 창업자 스티브 잡스(Steve Jobs)
  → 우선순위 정하기
- 20세기 가장 성공한 투자가 워런 버핏(Warren Buffet)
  → 취미 생활 만들기(사교성, 창의력 상승)
- 마이크로소프트 창업자 빌 게이츠(Bill Gates)
  → 자기반성의 시간 갖기

따라서 자신의 성장과 발전을 위해 가장 먼저 해야 할 것은 자기 안에 '좋은 습관들을 만들어가는 것'이다. SWOT 분석을 통해 '나'에 대해 천천히 관찰하고 생각하며 '나'와 친해지는 시간을 가졌다면 이제 다음 단계는 SWOT 분석을 통해 드러난 자신의 강점은 강화하고 약점은 보완하는 실천 전략을 수립하는 것이다.

하지만 아쉽게도 많은 습관들을 한꺼번에 키울 수는 없다. 몸과 뇌의 세포 재생에는 21일이 걸린다고 한다. 자기 몸과 뇌가 새로운 습관을 받아들이기 위해서는 최소 3주 이상 꾸준히 해야 발달된다는 뜻이다. 즉 한 가지 습관당 한 달 정도를 잡아야 한다.

앞서 SWOT 분석 활동지 작성을 통해 자신의 강점, 약점, 기회, 위기의 자원들을 살펴보았다면 이제 강점을 강화시키고 약점을 보완할 수 있는 실천 전략(행동 전략)을 수립하여 자기 삶에 실제적으로 적용하는 것이 필요하다. 단순히 '나를 아는 것'에서 그치면 더 이상 성장할 수도 누군가에게 '나를 어필'할 수도 없다. 자신의 자원을 최대치로 활용하는 사람이 결국 취업도 잘하고 일도 잘한다. 그리고 처음 만난 면접관이나 고객에게도 자신을 어떻게 어필해야 할지를 알게 된다. 이번 '실천 전략 수립하기' 워크숍을 통해 자기 강점을 활용하고 스토리를 뽑아내자. 그리고 약점을 보완해나가야 하는 이유를 찾아 방법(실천 전략)을 구체적으로 세워보자. 이와 같은 스토리가 결국 자기소개서와 면접에서도 강력하게 어필할 수 있는 히든카드가 되어줄 것이다.

---

1. 강점 키워드?　　　　　→ 사례
1) 꼼꼼한 자료 정리　　　　 1) 가계부 10년째, 독서 리스트 13년째 작성 중

2)　　　　　　　　　　　 2)

2. 약점 키워드?　　　　　→ 극복하고 싶은 이유
1) 건망증, 기억력　　　　　 1) 사람을 잘 기억해서 업무에 활용
　　　　　　　　　　　　　　　 (방문 수강생 및 거래처와의 관계 향상)

2)　　　　　　　　　　　 2)

3. 실천 전략 (앞으로 꾸준히 갖고 갈 좋은 습관 서너 가지
1) 주요 거래처의 사람별 특징, 정보 및 인상착의를 메모해두기

2)

4. 강점 키워드를 활용하여 한 문장으로 자기소개 글 만들기

　　　"＿＿＿＿＿＿＿＿＿＿＿＿＿＿＿＿"

나의 미래를
'뽀샵'해본다

왜 턱 깎고 눈은 키우면서 미래는 포샵하지 않는가?

SNS 세대라고 불리는 밀레니얼들은 일상을 사진에 담는 것을 무척 좋아한다. 친구들과 만나 맛집을 돌아다니며 음식 사진을 찍고 커피와 디저트, 찻잔과 인테리어 등 다양한 볼거리를 카메라에 담는다. 친구들과 만나 즐기는 모습도 많게는 수십 장씩 찍어댄다. 친구를 만나기 위해 모였는지 사진을 찍으려고 만났는지 가끔은 헷갈릴 지경이다. 사진을 찍은 뒤 어플로 보정 작업은 필수! 그래서 그런지 이들의 '니즈(Needs)'에 맞춰(진정한 니즈다!) 수많은 카메라 어플들이 나왔고 기능 또한 나날이 발전하고 있다.

나도 사진을 찍으면 어플을 활용해서 피부 톤을 밝게 만드는 보정 작업을 한다. 예뻐진 사진 속 내 모습을 보면서 '정말 내 모습이 이렇겠지?'라는 착각에 빠져 잠시 행복해하기도 한다. 그런데 어느 날 문득 이런 생각이 들었다.

'나는 얼마나 나의 미래를 포샵하고 있을까? 사진 속의 내 외모는 이렇게 세세하게 고치고 다듬으면서 내 인생은 얼마나 세세하게 들여다보고 있는 걸까?'

그 후로 나는 사진 속의 내 모습보다 앞으로 살아가게 될 내 미래를 예쁘게 포샵하고 싶어졌다. 지금보다 더 예쁘고 멋진 인생을 살아가고 싶었다. 그 이후부터 미래에 대해 계획하고 꾸준히 실천하는 습관을 갖게 되었다.

고등학교 때부터 10년 동안 매년 한 해의 마지막이 되면 하는 것이 있다. 바로 한 해를 돌아보면서 나에게 일어났던 큰 이슈들을 열 가지로 정리하고, 다음 한 해를 기대하며 달성하고 싶은 열 가지 목표를 세우는 것이다. 이 습관을 갖게 된 뒤부터는 확실히 이전의 삶과 이후의 삶이 확연하게 차이 났다. 이 습관을 들이기 전에는 내가 어떻게 시간을 쓰고 어떤 목표를 갖고 살아야 하는지에 대한 목적과 의미가 없었다. 사실 그에 대한 필요성도 느끼지 못했다고 하는 게 맞는 표현일 것이다.

그러나 이렇게 한 해를 돌아보고 인생 계획을 세우는 습관을 들이고 나니 나에게 주어진 순간순간들이 너무나도 소중했다. 한 시간, 일 분, 일 초가 너무나 아까웠고 어떻게 하면 내가 이 주어진 시간을 잘 활용할 수 있을까를 생각하게 되었다. 그리고 매년 내가 목표한 것들을 이루어가면서 일상적인 삶 속에서 누리는 행복과 성취감, 만족감이 더해지니 자존감까지 올라갔다.

나는 이 책을 읽고 있는 당신에게도 이 방법을 추천하고 싶다. 10년간 나 자신이 효과로 증명해 보인 방법이니 자신 있고 당당하게 권할 수 있다. 꾸준히 자기 미래에 대한 인생 계획을 세우고 실천 점검을 한다면 10년 뒤에는 분명 지금과는 다른 자신이 되어 있을 것이다.

97퍼센트를 이끄는 3퍼센트가 되는 방법

1953년 미국 예일 대학교에서는 인생의 목표와 그것을 달성할 계획이 적힌 종이를 가지고 있는지에 대해 설문조사를 실시했다. 조사 대상이 된 졸업생들 가운데 "그렇다"라고 답한 학생은 불과 3퍼센트였다. 20년이 흐른 1973년, 예일 대학교는 이 조사를 바탕으로 졸업생들을 추적했다. 그 결과, 미래 인생 목표와 계획이 적힌 종이를 갖고 있던 3퍼센트가 나머지 97퍼센트보다 훨씬 더 충만하고 행복한 감정을 느끼면서 살고 있다는 사실을 발견했다. 그뿐만 아니라 이들은 기업의 CEO 또는 전문가의 분야에서 종사하고 있었으며 재정적인 측면에서도 3퍼센트의 재산이 나머지 97퍼센트의 재산을 합친 것보다 많다는 놀라운 결과가 나왔다.

이 연구 결과를 처음 들었을 때 나는 적지 않은 충격을 받았다. '계획표'를 세우는 것은 공부할 때만 쓰는 방법이라고 생각했다. 그런데 인생도 계획을 세워야 하는 것이었다니…… 계획을 세운다는 것 자체가 어찌 보면 귀찮고 하기 싫은 일일 수 있다. 하지만 3퍼센트의 재산이 나머지 97퍼센트의 재산을 합친 것보다 많았다는 사실은 매우 의미심장한 결과가 아닐 수 없다. 이 결과만 놓고 보더라도 지금 당장 목표와 계획을 세우는 습관을 가져야 하지 않을까?

인생 목표와 그것을 달성할 계획이 적힌 종이를 갖고 있느냐와 없느냐의 차이는 결국 당신의 미래를 결정한다. 3퍼센트에 의해 지배받는 97퍼센트가 될 것이냐, 혹은 97퍼센트를 이끌어가는 3퍼센트가 될 것이냐는 당신의 인생 계획 여부에 따라 갈린다. 결코 금수저, 은수저, 흙수저로 결정되는 것이 아니다. 당신의 수저가 흙수저일지라도 당신이 어떻게 인생을 계획하고 실천하느냐에 따라서 금수저로 만들 수 있다(금수저는 어렵더라도 적어도 은수저 또는 동수저는 될 수 있지 않겠는가).

인생이란 정해지지 않은 길을 만들어가는 여정이다. 자기 미래는 자기가 스스로 만들어가는 것이다. 일단 차분히 앉아서 자신이 바라는 모습들을 상상하고 계획하는 것이 그 시작이 될 것이다. 그리고 그 계획들이 이루어질 것을 믿어보자. 그 누구보다 간절하게.

'텐텐플래닝'으로 계획전문가가 되자

계획을 세워본 경험이 없는 사람은 계획을 세울 때 어디서부터 어떻게 시작해야 할지 막막할 수 있다. 그런 분들을 위하여 내가 매년 사용하는 '텐텐플래닝(ten ten planning)'을 소개하고 싶다. 이를 활용하면 누구든지 계획전문가가 될 수 있다. 인생 계획을 짤 때는 전 생애를 대상으로 할 수도 있고 5년 또는 10년 간격으로 끊어서 할 수도 있다. 아주 세세하게는 하루 단위로 계획을 세우기도 한다.

인생 플랜을 짤 때 가장 먼저 할 것은 전 생애적으로 자신이 되고 싶고 가고자 하는 모습의 삶을 그리는 것이다. 그런 다음 5년 또는 10년 단위로 계획을 세우고 마지막으로 그에 맞게 1년 단위로 계획을 세우는 것이 좋은 인생 계획의 정석이다. 이 중에서도 1년 단위로 계획을 세우는 방법에 대해 소개하겠다.

첫 번째로, 자신의 올 한해 10대 뉴스를 뽑는 것으로 시작한다. 눈을 감고 올 한 해를 되짚어보자. 기억이 나는 사건이나 경험들이 있는가? 기억나는 것이 없다면 탁상 달력이나 스마트폰에 있는 달력을 보면서 1월부터 12월에 일어난 사건과 경험들을 되짚어본다. 그중에서 시간 순으로 열 가지를 뽑아보자(시간 순이 아닌 중요도 순으로 정리해도 상관없다). 그리고 그 사건의 메인타이틀을 뽑아내 한 문장으로 만들고 아래에 내용을 구체적으로 적어보자. 그 사건이나 경험을 통해서 행복했던 기억, 마음 아팠던 기억, 배우고 깨달았던 교훈들 그리고 함께한 사람들까지 모두 적어보자.

이것은 그 사건이 자신의 인생에 어떤 의미로 남겨질지 기사화하는 작업이다. 시간이 흐르면 자연스럽게 잊힐 수 있는 순간들이다. 그렇지만 10대 뉴스를 작성해놓는다면 10년 뒤에도 그날의 인생을 들여다보고 싶을 때 굉장히 깊이 있는 회상을 할 수 있게 된다. 또한 자기 인생을 찬찬히 세밀하게 돌아볼 수 있는 성찰

올해 '나'의 10대 뉴스 정리하는 방법

01 시간 순 혹은 중요도 순으로 열 가지 사건이나 경험 나열하기
02 그 사건이나 경험을 한 문장으로 만들어 메인타이틀 결정하기
03 그에 해당하는 내용을 아주 구체적이고 생생하게 적기
04 그 사건이나 경험을 통해 느낀 감정과 깨달음, 교훈 등을 적기
05 그 사건이나 경험을 통해 배운 것을 앞으로 내 삶에 어떻게 적용할지
　 생각하기

[2018년도 나의 10대 뉴스 예시]
▶ **2018년 12월 블로그 일 방문자 최고 1,400명을 기록하다(평균 500~600).**
꾸준하게 관리하고 키워온 블로그 〈사초생의 꿈이야기〉에 근로기준법 관련 포스팅을 올리기 시작했다. 그중에서도 '연차'에 대한 관심이 굉장히 뜨거웠다. 10월에 올렸던 포스팅이 5개월 동안 무려 누적 조회수 35,000건을 넘겼다. 댓글도 50건 이상, 그로 인해 다른 관련 포스팅 뷰수도 높아졌다. 올해 블로그 운영 목표 중에 '일 방문자 1,000명 이상 만들기'가 있었는데 순식간에 1,400명을 넘기는 쾌거를 기록했다. 물론 파워 블로거에 비하면 낮은 수치이지만 이렇게 차근차근 목표한 바를 이뤄나간다는 것이 굉장히 큰 보람과 기쁨을 안겨주는 것 같다. 2019년에는 블로그 외에도 다양한 플랫폼을 활용하여 나의 지식과 경험을 공유하는 커리어코치로서 활동 영역을 넓혀갈 예정이다.

과 피드백의 시간을 가질 수 있다. 또한 이 시간을 통하여 앞으로의 삶 속에서 새롭게 적용할 부분들도 생길 것이다.

두 번째로 다음해에 이루고 싶은 목표 열 가지를 설정하는 것이다. 목표 열 가지를 설정하기 전에 내년에 이루고 싶은 가장 큰 키워드를 먼저 선정해보자. 내년 자기 인생을 대표할 수 있는 키워드는 무엇인가? '성장', '도전', '새로움', '배움', '사람' 등 자신이 가장 관심 있는 키워드를 선정하고 '내년 20××년은 내 인생에서 ○○○의 해가 될 거야'라고 정의해보는 것이다.

키워드를 정했다면 이제 열 가지 이루고 싶은 목표를 적어보자. 사실 처음부터 열 가지 목표를 세우는 것이 어려울 수도 있다. 열 가지가 생각나지 않는다면 다섯 가지로 줄여서 적어도 좋다. 목표를 세울 때는 경력 중심적인 목표가 있고 개인 중심적인 목표가 있는데 경력 중심적인 목표는 자신의 커리어와 직무적으로 도움이 되는 목표가 되는 것이고 개인 중심적인 목표는 자신의 심리적인 안정감과 만족, 행복감을 주는 목표가 될 수 있다. 예를 들어 '직무에 관련된 자격증을 취득하기'는 경력 중심적인 목표이고 '1년에 두 번 해외여행가기'는 개인 중심적인 목표가 될 수 있다. 이 두 가지 목표를 모두 포함할 수 있도록 균형을 잡는 것이 중요하다.

목표를 세웠다면 마지막으로 가장 중요한 것은 목표를 이룰 수 있는 구체적인 실천 지침들을 세우는 것이다. 예를 들어 '직무에 관련된 자격증 취득하기'라는 목표를 이루기 위한 실천 지침은

'일주일에 이틀은 두 시간씩 공부하기', '3월 필기, 5월 실기시험에 반드시 합격하기', '주말에 도서관이나 카페에 가서 다섯 시간씩 공부하기', '매일 세 개씩 인터넷 강좌 시청하기' 등으로 자기 삶의 패턴에 맞는 실천 지침들을 세우는 것이다. 이때 중요한 것은 구체적이고 수치화되어 있는 실천 지침으로 평가가 가능해야 한다는 점이다.

이렇게 목표를 세우고 나면 지침서를 출력해서 잘 보이는 곳에 붙여놓자. 스마트폰 바탕화면에 적어놓고 매일매일 수시로 보는 것도 좋다. 끊임없이 스스로 동기부여할 수 있는 장치들을 마련하고 수시로 점검하자. 실제로 이렇게 목표를 세워놓으면 그해가 끝났을 때 적어도 50퍼센트 이상은 이뤄낸 자신을 발견할 수 있을 것이다. 100퍼센트 달성하지 못했다 할지라도 괜찮다. 50퍼

내년 '나'의 열 가지 목표 세우는 법

01 내년 자신의 인생을 대표하기를 바라는 키워드를 선정한다.
02 내년 1년 동안 이루고 싶은 목표 열 가지를 적는다.
03 목표는 경력 중심적 vs 개인 중심적이 균형을 이루도록 한다.
04 그 목표를 이루기 위한 세부 지침 사항을 최소 세 가지 적는다.
05 세부 지침 사항은 '좋은 습관 만들기 다섯 원칙'을 기준으로 작성한다
   ('좋은 습관 만들기 다섯 원칙'은 [커리어코치 하니's 생존 꿀팁 ③] 참고).
06 보이는 곳에 붙여놓고 수시로 보면서 동기부여한다.
07 실천 지침들이 잘 이루어지고 있는지 주기적으로 점검한다.
08 12월 마지막 달에 달성률에 대해 최종 평가를 내린다.

센트만 달성하더라도 1년 전 모습에서 50퍼센트는 더 성장한 것이니까. 이런 노력이 쌓이면 10년 뒤 완전히 다른 사람이 되어 있을 것이다. 그 믿음으로 나는 매년 내 인생을 더욱 예쁘고 멋지게 포샵해나간다.

| 나의 열 가지 목표 예시 |

목표	세부 실천 전략	경력 중심	개인 중심	달성률(1~3월)
▣ 나의 2019년은 '새로운 시작'의 해가 될 것이다.				
1. 책 출간	- 1월 첫 주까지 초고 완성 - 4월 말쯤 출간하기 - 책 홍보 준비(SNS)	○		- 1월 첫 주 초고 완성(100%) - 4월 말 출간 예정 - 책 홍보 시작(블로그)
2. SNS 마케팅	- 주 1~2건 정보성 포스팅 작성 - 주 1~2건 개인 포스팅 작성 - 블로그/인스타/유튜브 시작	○	○	진행 중
3. 강사 활동	- 강사 프로필, 제안서 작성 - 강의 기획안 및 커리큘럼 개발 - 책 출간 후 강사 활동 시작	○		진행 중

4. 독서 습관	- 도서 리뷰 월 블로그 두 권,
	  유튜브 한 권 업로드
	- 매월 다섯 권 이상 읽기
	- 매월 2회 이상 서점 가기
		○	○	- 블로그 네 권, 유튜브 한 권
				  업로드(66%/33%)
				- 1~3월 독서 열 권(66%)
				- 매월 2회 이상 서점 방문, 서
				  점 트랜드 조사(100%)

5. 건강 관리	- 매일 칼로리 일기 작성
	  (1500~2000칼로리 유지)
	- 주 2~3회 운동
	  (홈트/헬스/배드민턴)
	- 적정 몸무게 유지 (-킬로그램)
			○	- 매일 작성 중(100%)
				- 주 1~2회 운동(66%)
				- 적정 몸무게+1킬로그램 초과

좋은 습관 만들기 5원칙

1. 구체적(Specific)

습관은 구체적일수록 좋다. 예를 들어 건강 또는 다이어트를 목적으로 '운동하기'라는 습관을 세우고 싶다면 '주 3회 두 시간씩 헬스장에서 운동하기' 또는 더 구체적으로 '주 2회 두 시간씩 헬스장에서 근력 운동, 주 1회 두 시간은 유산소운동하기'라는 습관을 세워야 한다. 구체적일수록 실행해야 한다는 의지력을 강화시킬 수 있고 자신이 얼마만큼 실행했는지를 평가할 수 있다.

2. 수치적(Numerical)

앞서 이야기한 것처럼 수치를 활용하면 훨씬 더 좋은 습관으로부터 좋은 효과를 맛볼 수 있다. 아침 일찍 일어나는 습관 갖기를 원한다면 매일 아침 몇 시에 일어날지를 정하는 것이다. 그것을 위해 그 전날 몇 시에 잠들 것인지도 정한다면 건강한 삶의 패턴을 형성할 수 있다. '주 5일 평일에는 반드시 12시 전에 잠들고 새벽 6시에 일어나기'라는 습관을 세운다면 그 시간에 맞춰서 알람 설정을 해놓을 수 있고 자신이 원하는 삶의 패턴대로 자신을 경영할 수 있는 집중도가 생겨난다.

3. 평가적(Evaluative)

모든 좋은 습관은 평가 가능해야 한다. 말 그대로 '좋은'이라는 형용사가 붙은 이유를 객관적으로 증명할 수 있어야 한다는 뜻이다. 나는 나의 체중과 건강관리를 위해 6년 동안 매일같이 칼로리 일기를 쓰고 있다. 이를 통해 내가 체중을 어떻게 유지하고 있고 내가 건강을 위해 얼마나 실천하고 있는지 매월 말마다 평가 가능하다. 평가를 위해서는 자료를 만들어야 한다. 달력에 습관을 진행한 만큼 표시해도 좋고 따로 문서로 만들어서 관리하는 것도 좋다. 혹은 스마트폰 어플을 활용해도 좋다. 각자의 방식대로 평가할 수 있는 자료를 만들자. 단순히 습관을 만들려고 하기보다 '좋은' 습관을 만들고 싶다면 한 달에 한 번씩이라도 자기 인생을 점검할 수 있는 기준과 자료를 쌓아야 한다.

4. 지속적(Continuous)

지속적이지 않다면 습관이라고 할 수 없다. 지속적이라는 것의 기준은 습관마다 다르게 정의될 수 있는데 어떤 습관은 하루에 한 번이 될 수도 있고 어떤 습관은 일주일에 한 번, 한 달에 한 번이 될 수도 있다. 그것을 정하는 기준은 각자가 설정하되 누구나 당연하게 할 수 있는 기준을 정하지 말고 살짝 버겁지만 노력하면 달성할 수 있는 기준을 세우는 것이다. 예를 들어 1년에 한 권도 읽지 않는 사람이 독서 습관을 만들고 싶다면 '1년에 두 권 읽기'라고 '여유 있게' 목표를 세우기보다는 '두 달에 한 권 읽기' 또는 '한 달에 한 번은 꼭 서점에 가서 책 한 권 구입하기' 같은 목표를 세우는 것이다. 내가 얼마나 변화될지는 나의 목표가 느슨한지 밀도 있는지에 따라 달라진다.

5. 변화(Change)

좋은 습관을 세우고 지속했다면 분명 당신은 인생에서 작더라도 변화를 경험하게 될 것이다. 변화가 없다면 어디서 잘못되었는지 점검해야 한다. 습관을 만들기 전과 후의 변화를 느끼고 그 변화의 효과성을 경험한다면 분명 당신은 또 다른 좋은 습관을 만들고자 노력하게 될 것이다. 그 변화는 중독성이 강해 가지 자신을 더 좋은 사람으로 만들고자 하는 욕심을 갖게 한다.

음식이든 그 무엇이든
편식은 지양한다

너와 나의 관계는 내가 정한다.

'사람, 상황, 음식'. 나는 인생에서 절대 편식하면 안 되는 요소로 이 세 가지를 꼽는다. 음식을 편식하면 몸의 밸런스가 깨지고 문제가 생기듯이 사람과 상황도 편식하면 결국 문제가 생기기 마련이다. 이 세 가지 요소들을 잘 다룰 줄 아는 사람이 결국 자기 인생을 건강하게 만들어갈 수 있다.

이 중에서도 첫 번째로 '사람'을 이야기하는 이유는 앞에서 제시한 세 가지 중에 사람이 가장 중요하기 때문이다. 비즈니스를 하든 직장을 다니든 아르바이트를 하든 사람은 사회생활을 하면서 절대로 '나 홀로' 일할 수 없다. 1인 기업가도 고객이 있어야 존재할 수 있다. 모든 사회생활 자체가 사람이 필수적으로 필요하다. 그렇기에 나는 내 삶속에서 만나는 모든 사람들을 소중한 인연으로 여긴다. 사람을 귀하게 생각하면 어떤 성향의 사람일지라도 상대를 진심으로 존중하고 인정하게 된다. '나와 너의 관계는 결국 내가 정하는 것'이다.

개인주의가 강해지고 1인 가구가 많아지는 사회적인 특성에 따라 혼술, 혼밥, 혼행을 하는 사람들이 늘어나고 있다. 사람들은 점차로 타인과 관계 맺는 것을 피곤하게 생각하며, 집에서 혼자 TV를 보면서 맥주를 마실 때 가장 안정감과 행복감을 느낀다는 이들도 많다. 하지만 돈 많은 백수가 아닌 이상 사람은 결국 어느 조직에 속해서 일을 해야 하며 사회생활은 곧 상사와의 관계, 동료와의 관계로 이어지기 마련이다. 따라서 그 복잡 미묘한 관계를 어떻게 긍정적으로 만들어가야 하는가에 대한 고민을 하지 않을 수가 없다. 또 동성이든 이성이든 친구들과의 관계에서도 크고 작은 어려움은 늘 생기기 마련이다. 결국 사람은 타인과의 관계 맺음에서 벗어날 수 없는 사회적인 존재일 수밖에 없다. 자기 혼자 무인도에서 살아가지 않는 이상 말이다.

그럼에도 사람들은 너무나도 쉽게 "그 사람은 나랑 맞지 않아"라고 단정하고는 선을 그어버린다. 서로의 다름을 쉽게 이해하려 하지 않는다. 오히려 스스로 우월하다고 생각하거나 자신이 옳다는 교만함에 빠져 상대를 수준 낮다고 여기며 가르치려 들 때도 있다. 이런 행동은 상대로 하여금 언젠가는 결국 자기 곁을 떠나도록 만든다. 상대를 존중하는 마음이 없는 가르침이나 조언이 오히려 독이 되는 탓이다. 누군가를 가르치기 이전에 그들을 있는 그대로 인정하고 존중하자. 그리고 상대가 갖고 있는 강점을 찬찬히 들여다보려 노력하자. 상대를 먼저 높여주는 것만이 상대보다 높아질 수 있는 유일한 길임을 명심했으면 좋겠다.

사람들은 너무나도 쉽게 현재를 놓치고 산다. 지금 하고 있는 일이 별것 아닌 것 같아 보이면 자신의 일을 대수롭지 않게 여기기도 한다. 또 매우 익숙하다는 이유로 주변의 사람들에게는 고마운 마음을 제대로 전달하지 않는다. 사실 그렇기 때문에 사람은 지금 행복할 수도 없고 성공할 수도 없는 것이다. 인생에서 언제나 가장 중요한 때는 바로 '지금 현재'이다. '지금 내가 하고 있는 일'이 얼마나 가치 있고 보람 있는 일인지를 깨닫고 '내 주변의 사람들'에게 깊이 있는 마음을 표현한다면 분명 지금보다 조금 더 행복한 삶을 살아갈 수 있을 것이다.

자신에게 주어진 '상황'을 적극 활용하자

두 번째로 인생에서 절대 가리면 안 되는 요소는 바로 '상황'이다. 상황은 두 가지로 나뉜다. 긍정적인 상황과 부정적인 상황.

긍정적인 상황이란 자신에게 뜻하지 않은 기회가 오는 것을 말한다. 예를 들면 이런 경우. 선생님이 어느 날 수업 시간에 질문을 던졌다. 당신은 그 질문에 답을 알고 있었고 대답하고 싶은 마음에 가슴이 쿵쾅거렸다. 대답을 하면 선생님과 아이들의 시선이 당신에게 집중될 것이다. 당신에 대한 이미지가 좋아질 수 있는 긍정적인 상황이 분명하다.

그런데도 당신은 결국 손을 들지 않았다. 왜 그랬을까? 행여나 정답이 아니면 어떡하나 하는 불안과 염려 또는 당신에게 시선이 집중되는 것이 한편으로 너무 부담스럽기 때문이다. 그렇게 선생님은 당신이 생각했던 정답을 말씀하셨고 당신 마음속 한켠에는 '아, 그냥 말할걸……'이라는 후회가 남게 되었다.

이 장면을 통해 당신이 놓친 것은 무엇일까? 단순히 '그 문제의 답을 아는 똑똑한 아이라는 인식을 알릴 수 있는 기회'를 놓친 것뿐일까? 당신이 놓친 것은 성공의 경험을 맛볼 수 있는 기회를 당신 자신에게서 빼앗은 것도 포함한다. 당신은 스스로에게 '성공 경험'이라는 음식을 먹여주지 못했다. 사람은 인생의 많은 순간마다 수많은 성공 경험을 통해 성장하고 자존감도 건강하게 강화된다. 갓난아기였을 때는 젖 잘 먹고 대소변만 잘 누어도 부모님께 폭풍 칭찬을 들으며 자랐다. 어린 시절에도 마찬가지였다. 사소한 것 하나만으로도 칭찬을 받으며 건강한 자존감을 형성해왔다.

그런데 사춘기가 되고 20대가 되면서 칭찬을 받을 만한 성공 경험을 하기가 쉽지 않았다. 자존감이라는 녀석은 성공 경험이라는 먹이를 통해서 무럭무럭 성장하는데 대부분의 사람들은 자신에게 주어진 긍정적인 상황들을 피하고 외면하면서 세 살 혹은 일곱 살의 자존감에서 멈춰 있게 되어버린 것이다.

20대에 맞는 자존감을 회복시키고 성장시키기 위해서는 각자에게 주어진 상황들에 겁 없이 적극적으로 달려들어야 한다. 자신에게 시선이 집중되는 것을 부담스러워하지 말고, 행여나 오답이면 어쩌나 하는 두려움에서 벗어나야 한다. 스스로에게 성공 경험을 가져다줄 수 있는 상황이라면 무엇이든, 반드시 그 기회를 잡아야 한다. 한번 지나간 기회는 절대 다시 돌아오지 않는다. 기회의 신 카이로스는 앞머리만 무성하고 뒷머리는 대머리이다. 그만큼, 기회란 빨리 낚아채지 않으면 나중에 붙잡을 수 없다는 뜻이다. 이미 지나가고 나서 잡아보려고 손을 뻗어봤자 손에 잡을 수 있는 것은 아무것도 없다. 그러니 명심하자. 긍정적인 상황이 온다면 훨씬 적극적으로 달려들어야 한다.

반대로 부정적인 상황에서도 마찬가지로 사람들은 단순히 그 상황을 빨리 피하려고 할 때가 있다. 거짓말을 할 때 무작정 도망간다거나 친구와 다툼이 벌어지면 일단 그 자리를 피하고 대화를 단절하려는 행동을 보이기도 한다. 의도치 않게 누군가에게 실수하게 되었을 때도 실수를 인정하기보다는 남 탓, 상황 탓만 하려고 한다. 이런 모든 태도가 바로 부정적인 상황을 인정하지 않고 피하려는 자세이다.

부정적인 상황은 피할수록 더욱 악화되고 곪기 마련이다. 잘못했다면 그 부분을 빠르게 인정할수록 내 마음도 불편하지 않고 상대와도 빠른 관계 회복을 이룰 수 있다. 한번 싸우고 나서 더 끈끈해지는 관계도 있지 않은가? 부정적인 상황은 내가 어떻게 행동하느냐에 따라서 약이 될 수도 병이 될 수도 있다. 부정적인 상황을 반대로 뒤집어 긍정적인 상황으로 만들어갈 수 있는 힘이 사람에게는 있다는 것을 꼭 명심했으면 좋겠다.

식견(識見)과 '식견(食見)'을 동시에 개방하자

인생에서 절대 가리면 안 될 세 가지 중의 마지막 요소는 바로 '음식'이다. 우리나라 사람들은 예로부터 '편식하는 사람은 성격도 까다롭다'는 인식을 갖고 있다. 그래서 어렸을 때부터 부모님에게 음식을 골고루 먹어야 복이 온다는 소리를 듣고 자랐고, 그렇게 성인이 된 뒤에도 마찬가지로 음식을 가리는 사람을 그다지 고운 시선으로 보지 않는다.

그러나 음식은 그저 취향의 한 가지일 뿐이다. 그래도 사회생활의 식사 자리에서만큼은 어느 정도 맞춰야 하는 부분이 더 많음을 인정하자. 한 달에 몇 번 안 되지만 식사 자리를 통해 부정적인 이미지가 만들어질 수 있으므로, 다양한 음식에 대해 열려 있는 입맛을 갖추는 일은 매우 요긴하다.

사실 '음식'은 경험의 개방성을 아주 손쉽게 넓혀주는 좋은 요소이다. 해외여행을 많이 다녀야만 경험의 개방성이 넓어지는 것은 아니다. 요즘에는 해외 음식 전문 식당들도 국내에 많이 들어와 있으므로 마음만 먹으면 충분히 해외에 나가지 않고서도 해외의 맛을 경험할 수 있다. 그 나라의 음식이 내 입맛에 맞는지 안 맞는지는 일단 먹어봐야 알 수 있다. 그래서 나는 외식을 할 때 익숙한 음식에서 벗어나 새로운 음식과 낯선 식당을 다니는 것을 선호한다. 그렇게 새로움을 경험하게 되면 식견(識見)과 더불어 '식견(食見)'도 자연스럽게 넓어지는 기분이다.

유명한 관광지에 가면 굳이 비슷한 경로와 비슷한 식당에서 비슷한 음식을 먹는 이유가 뭘까? 바로 그것을 경험해야 타인과 공감대가 형성되기 때문이다. 두세 시간씩 맛집 앞에 대기 줄을 서는 것도 같은 맥락이다. 음식을 통해 추억을 공유하고 공감대를 형성하고 싶기 때문이다. 동행하지는 않았지만, 이렇게 함으로써 관광지에 대한 서로의 경험을 공유하는 것이다. 이처럼 음식은 우리들의 경험을 넓혀주며 서로의 공감대를 만들어주는 가장 손쉬운 도구가 되기도 한다. 개방적인 입맛에 개방적인 삶의 태도가 딸려온다는 사실을 나는 믿어 의심치 않는다.

이제는 변화가
필요할 때

딸이 변하자 엄마도 변했다

"우리 부모님은 너무 무뚝뚝해요. 저한테 관심도 없고 요즘 제가 무엇 때문에 힘든지 물어봐주지도 않아요. 가끔은 제가 친자식이 맞나 하는 생각이 들 정도라니까요."

부모님의 무관심 때문에 집에 들어가기 싫어했던 한 소녀가 있었다. 그 소녀는 매일 친구들과 밤늦게까지 놀다 집에 들어갔다. 부모님은 소녀가 독서실에서 공부하다 온 줄 알았는지 소녀의 하루 일과를 물어보지도 않았다. 아니, 늘 먼저 잠자리에 든 탓에 물어볼 기회조차 없었다. 소녀의 집은 언제나 깜깜했다. 소녀는 그대로 방 안으로 들어가 잠이 들었다. 자신에게 무관심한 부모님을 원망하면서……. 그런 나날이 반복될수록 집에 들어가기 더 싫어졌다.

그러던 어느 날 누군가가 소녀에게 이야기했다.

"부모님이 변하길 기다리지만 말고 네가 먼저 달라져봐. 다정한 부모님을 원하면 네가 먼저 다정해지렴. 오늘 집에 들어가서 엄마를 먼저 따뜻하게 안아주는 거야. 할 수 있겠니?"

'내가 먼저 엄마한테 다가가 안아주라고?'

소녀는 할 수 없다고 생각했다. 무슨 이유로 갑자기 안아주라는 말인가? 딱히 얼싸안고 기뻐할 정도로 좋은 일도 없었다. 이유 없이 먼저 다가가서 엄마를 안아주는 것이 그렇게 힘든 일이라는 것을 소녀는 그때 깨달았다. 첫 번째 시도는 실패했다. 엄마 얼굴을 보니 도저히 용기가 나지 않아 방으로 바로 들어갔다.

'아, 이게 뭐라고 이렇게 힘들지?'

다음 날 소녀는 조언을 해준 어른을 다시 찾아갔다.

"너무 힘들어요. 도저히 못하겠어요. 왜 이걸 제가 먼저 해야 해요? 부모님이 어른인데 부모님이 해야지, 제가 어떻게 이 관계를 개선할 수 있겠어요? 전 못해요."

"자, 생각해보렴. 엄마도 할머니에게 그런 따스한 사랑 표현을 받지 못하셨기 때문에 표현이 어색하고 딱딱하게 굳어진 거란다. 엄마는 이미 오랜 세월 습관으로 굳어졌지만 너는 아직 어리잖

아. 부모님과의 관계를 개선할 수 있는 열쇠를 갖고 있는 것은 바로 너란다. 조금이라도 덜 굳어진 네가 변화를 만들 수 있어."

소녀는 충격을 받았다.

'내가 원망하고 미워했던 부모님도 그들의 부모님으로부터 애정 어린 따스한 사랑을 받지 못했구나. 그래서 마음이 있어도 표현도 못 하고 서툰 것이구나.'

생각의 전환이 일어났다. 원망의 대상이었던 부모님이 안쓰럽게 느껴졌다. 나보다 더 오랜 세월 동안 부모님의 따스한 사랑 표현 한마디 받지 못하고 긴 세월을 살아왔다는 생각에 왠지 마음이 아팠다. 그날 바로 집에 들어가 엄마의 얼굴을 보자마자 와락 달려들었다. 그리고 엄마의 등을 토닥였다.

'엄마도 많이 외로웠지? 내가 먼저 안아줄게, 엄마.'

순간 '얘가 왜 이러지?'라는 생각에 딱딱하게 굳어져 각목 같던 엄마도 이내 긴장을 풀고 같이 안아주었다. 그 이후로 소녀의 가정에는 많은 변화가 일어났다. 무뚝뚝하고 표현이 없던 부모님이 변하기 시작했다. 사랑 표현이 시작되니 관계도 이전과는 다르게 개선되었다. 이제 소녀는 부모님을 원망하지 않는다. 부모님을 존경하고 사랑하는 마음만 가득 찼다. 그리고 시간이 흐를수록 더욱 애틋한 감정이 생겼다. 인간적으로 서로가 서로를 이해하고 존중하고 배려하게 된 것이다.

변화의 주체는 바로 '나'

앞의 이야기에 등장한 소녀는 바로 나이다. 나는 내가 달라짐으로써 모든 것이 달라지는 경험을 많이 했다. 무뚝뚝했던 부모님을 다정한 부모님으로 변화시킨 것은 물론이고 친구들에게 말거는 것조차 어려워했던 소심한 나 자신에게도 많은 변화를 만들어 냈다. 사실 나는 누군가가 먼저 말을 걸어주지 않으면 다가가지 못하는 수줍음 많은 소극적인 아이였다. 나는 말을 잘하는 친구가 부러웠고 조금 더 적극적이고 주도적인 사람이 되고 싶었다.

> "바뀐 것은 없다. 단지 내가 달라졌을 뿐, 내가 달라짐으로써 모든 것
> 이 달라지는 것이다."
>
> – 마르셀 프루스트(Marcel Proust)

그 이후로 나는 학교 조별 과제 때마다 모두가 하기 싫어하던 과제 발표를 먼저 나서서 하겠다고 말했고 다양한 사람들을 만날 수 있는 환경에 나를 던졌다. 리듬에 취약했던 몸치가 밤새도록 업다운(up-down: 리듬의 기본기를 익히는 동작)을 연습하면서 전문 댄서팀의 일원이 되어 7년간 전국으로 200회 이상의 공연을 다니면서 무대공포증을 극복해냈다. 그로 인해 나는 그 어떤 상황에서도 자연스럽게 발표나 진행을 할 수 있는 사람이 되었다.

이것은 모두 내가 원하는 모습을 상상하면서 그 모습을 이루기까지 닮아가고자 꾸준하게 노력한 결과였다. 물론 지금도 사람

들 앞에 서야 하는 상황이 오면 마음의 떨림이 느껴진다. 하지만 상대방이 보기에 그 떨림이 크게 느껴지지 않고 오히려 즐기는 것으로 보일 정도로 많이 편안해졌다. 이러한 경험을 통해서 나는 내 인생에 스스로 변화를 만들어가는 것이 얼마나 중요한지를 깨달았다. 그리고 내가 원하는 바가 있다면 원하는 것을 이루기 위해 끝까지 노력하는 사람이 되었다. 중요한 건 될 때까지 포기하지 않고 지속하는 것이다. 꾸준하게 하기만 하면 결국 모두 다 이뤄진다. 변화를 위한 지속이 결국 나를 성장시키는 법이다.

인생의 변화를 위한 네 가지 요소

혼자서 생각과 행동을 변화시켜가기가 어렵다면 극약 처방이 있다. 나는 이를 일명 '인생 변화를 위한 네 가지 요소'라고 정의한다. 네 요소란 바로 '환경, 사람, 시간, 비용'으로, 마음만 먹는다면 충분히 나 혼자서도 시도할 수 있는 방법이다. 이지성 작가의《꿈꾸는 다락방》(차이정원, 2017)에는 이 네 가지 요소의 효과가 얼마나 막강한지를 보여주는 한 남자의 일화가 등장한다.

간절하게 영화감독이 되고 싶었던 한 남자가 있었다. 어느 날 그는 영화감독처럼 차려입고 유니버설 스튜디오로 쳐들어갔다. 그의 태도가 너무나도 당당했기에 경비원들은 그를 제지할 생각도 하지 못했다. 남자는 빈 사무실을 하나 찾아내고는 자신의 이름이 적힌 영화감독 사무실 간판을 내걸었다. 그는 무려 그 사무실을 2년 넘게 사용했다. 2년이 지나도록 생생하게 꿈꾸며 영화감독처럼 행동했지만 변화가 일어나지 않았다. 그러던 어느 날 사무실 앞 해변에서 산책을 하다가 우연히 영화광인 한 남자를 만나 대화를 나누게 되었다. 영화로 공감대를 형성한 그들은 신나게 영화 이야기를 주고받았다. 그러던 중 느닷없이 대화를 나누던 상대 남자가 "당신의 열정에 반했습니다. 내가 영화 제작 비용을 대죠. 마음껏 영화를 찍어보세요"라고 말하는 것이 아닌가!

이는 스티븐 스필버그Steven spielberg의 실제 예화이다. 스필버그는 해변에서 갑부를 만나 첫 공식 데뷔작인 〈엠블린〉을 만들었고 그 영화는 베니스 국제영화제 수상작이 되었다. 그런 우연이 과연 보통 사람에게도 일어나느냐고? 그건 아무도 장담할 수 없다. 하지만 스필버그는 준비되어 있었기에 그 우연의 기회를 행운으로 잡은 것이다. 지금 당신이 준비되지 않으면 당신을 도와줄 사람은 결국 당신을 그냥 지나쳐가게 될 것이다. 당신의 인생 변화 네 요소는 어떻게 사용되고 있는지 한번 점검해보자.

- 주변 환경은 어떠하며 스스로 이것에 만족하고 있는가?
- 평소에 만나는 사람은 누구이며 그들은 좋은 자극이 되는가?
- 현재 사용하는 시간과 비용은 어떤 분야에 집중되어 있는가?
- 이 모든 요소들이 모두 꿈을 향해 있는가?

나는 카멜레온처럼
언제 어디서든 변신한다

목소리가 너무 어려서 고민입니다

"안녕하세요. 좋은 마음 심리상담센터입니다."

"여보세요? 혹시 거기 상담 선생님 계시면 좀 바꿔주시겠어요?"

"네~ 제게 말씀하시면 됩니다."

"아니~ 선생님께 직접 문의하고 싶다니까요? 목소리가 되게 어려 보이는데 아르바이트생 아니에요?"

김미나 씨는 이제 막 상담센터에서 일을 시작한 신입 심리상 담사이다. 그녀의 고민은 너무 어리게 들리는 목소리이다. 성인 을 대상으로 상담을 진행하면서 전문가다운 분위기를 내고 싶은

데 목소리가 지나치게 앳되어 직무에 어울리지 않는다는 생각이 들기 때문이다. 그녀가 전화를 받으면 대부분의 내담자들은 그녀를 상담사가 아닌 안내 직원 정도로 본다. 그리고 그녀의 상담 스킬이나 해석 내용에 상관없이 어려 보이는 목소리 때문에 내담자들이 신뢰하지 못하는 것 같은 느낌을 받을 때도 많다.

그래서 그녀는 자신과 업에 어울리는 이미지와 목소리를 만들어야겠다고 생각했다. 이미지나 스피치 관련 수업을 찾아서 듣기도 했고 주변 심리상담사 분들의 조언을 얻어 헤어스타일과 메이크업도 세련되게 바꿨다.

마침내 그녀는 3개월 동안 열심히 연습하고 노력하여 내담자로 하여금 신뢰감을 줄 수 있는 차분하고 어른스러운 이미지와 목소리를 갖게 되었다. 또 내담자를 만날 때는 언제나 흰 가운을 걸치고 도수가 없는 안경을 착용해서 지적인 이미지를 만들었다. 이런 노력을 통하여 그녀를 찾는 내담자의 만족도와 신뢰도가 높아진 것을 느낄 수 있었다. 신기한 것은 직장에서뿐만 아니라 일상적인 대인관계에서도 쉽게 호감을 얻게 되어 대인관계도 좋아졌고 주변 지인들도 그녀를 다르게 보기 시작했다는 점이다.

위의 경우처럼 어느 직무든지 업무적으로 선호하는 이미지와 목소리가 있게 마련이다. 그 직무에 마땅한 이미지와 목소리를 갖게 되면 분명 훨씬 더 전문적인 느낌을 줄 수 있게 된다. 상담사는 차분하고 따뜻한 느낌으로 대화를 이끌어 나갈 수 있어야 하고 헬스트레이너는 힘 있고 단호하면서도 친근한 이미지를 만들어 내는 것이 직무에 도움이 된다. 사람을 상대하지 않는 직무라고 할지라도 자신의 이미지를 잘 만들 줄 아는 사람은 동료들로 하여 금 높은 호감을 갖게 한다.

이미지의 종류는 외적 이미지와 내적 이미지로 나뉜다. 외적 이미지는 표정, 용모, 메이크업, 태도, 옷차림, 자세, 목소리 등이 포함되고 내적 이미지는 가치관, 신념, 지적 수준, 배려심, 인간 존중, 성실함 등이 포함된다. 사람은 외적인 이미지와 내적인 이미지를 모두 함께 긍정적으로 끌어올려야 한다. 좋은 이미지는 결코 한 쪽으로만 만들어질 수 없다. 사실 외적 이미지는 쉽게 변화시킬 수 있지만 내적 이미지는 쉽게 변화되기 어렵다. 그러나 내적 이미지를 신경 쓰지 않고 외적 이미지에만 치중해 이미지 메이킹을 한다면 지금은 당신을 찾는 사람들(상사, 동료, 고객, 친구 등의 모든 대인관계)도 결국 언젠가 당신을 외면하게 되어버릴 것이다.

얼마 전 한 필라테스 업체 원장이 회원을 '뚱땡이'라고 부르는 카톡을 동료 강사에게 보내려다 해당 회원에게 잘못 전송한 일이 드러나 세간에 큰 화제가 된 적이 있었다. 이 사건은 해당 회원이 지역 페이스북 커뮤니티에 올리는 바람에 알려졌고, 해당 회원은 업체에 환불을 요구하고 회원을 탈퇴했다. 원장의 사과가 있었지만 이 사건은 일파만파로 퍼져, 해당 필라테스 업장은 폐업하게 되었다. 이 사건은 내가 상대하는 고객에 대한 기본적인 인간 존중이

(왼쪽) IT 교육팀에서는 밝고 친근하며 젊은 분위기를 표현하는 것에 주안점을 둔다. (오른쪽) 차분하고 지적이며 세련된 이미지를 표현한 라온아시아㈜ 교육사업부 강연장의 모습이다.

없었기에 발생한 일이다. 이처럼 외적 이미지와 함께 내적 이미지를 가꾸지 않으면 언젠가 당사자에게 큰 피해로 돌아올 수도 있다.

　이미지와 함께 중요한 부분이 한 가지 더 있다. 바로 목소리다. 아무리 업에 잘 어울리는 전문적인 이미지를 갖췄다 할지라도 이미지에 어울리지 않는 목소리를 들으면 신뢰 면에서 감점 요인이 된다. 소위 '입을 열면 깬다'라는 표현이 어울리는 상황이 벌어지는 것이다. 학교 다닐 때도 '입만 다물면 참 예쁜 친구'는 어디에나 있었다. 슬프지 않은가? 이미지는 호감형인데 목소리가 비호감이라 타인으로부터 부정적 평가를 받다니 말이다. 친구들은 당신을 있는 그대로 이해해주지만 사회에서 만나는 사람들은 당신을 첫인상으로 평가한다. 그러므로 자신이 맡은 직무에 가장 잘 어울리는 이미지와 목소리를 찾고 세련되게 만들어가는 것이 바로 경쟁력 있는 자신을 만드는 주요 포인트이다.

경쟁력을 갖추기 위한 비법

나는 취업 준비생(취준생)들을 만날 때 그들에게 조금이라도 더 친근한 이미지를 갖기 위해 어려 보이고자 앞머리를 만들었다. 옷 스타일도 너무 올드한 스타일보다는 대학생 스타일로 편한 대학 선배 이미지를 만들었다(물론 강의나 상담을 할 때는 그에 맞게 정장 스타일의 옷을 입었다). 그로 인해 취준생들과 금방 친해질 수 있었고 수료 이후에도 지속적으로 인연을 지속할 수 있었다.

그 이후 이직을 하여 성인 대상의 교육 프로그램을 운영하면서는 어려 보이는 이미지가 오히려 독이 될 것을 짐작했다. 바로 나는 앞머리를 길렀고 옷차림도 차분한 정장 스타일을 착용했다. 치마 길이는 절대 무릎 위를 올라가지 않도록 했다. 동그랗게 귀여워 보였던 안경은 더 이상 쓰지 않았고 양끝 쪽이 살짝 날카로운 갈색 뿔테 안경을 새로 구매했다. 세련된 헤어스타일을 만들기 위해 아이롱 고데기를 구입했고 관련 유튜브를 보면서 머리 만지는 연습을 했다. 그렇게 똥손이었던 내가 자연스러운 펌을 만들어내게 되었다.

목소리도 신뢰감을 줄 수 있는 전문적인 톤으로 만들었다. 퇴근하고 집에 가면 스피치 강좌를 들으며 아나운서 준비생처럼 연필을 물고 어려운 문장들을 발음하기도 했고 수시로 혀를 굴리며 발음하는 데 유연하도록 만들었다. 그로 인해 나는 조금 더 효과적으로 수강생 분들을 상담해드릴 수 있었고 감사하게도 나의 이미지와 목소리가 너무 좋다며 칭찬해주시는 분들도 많이 계셨다. 이처럼 자신이 근무하는 환경과 만나는 사람에 대한 특성을 파악하고 자신의 직무에 잘 어울리는 이미지와 목소리, 패션을 갖추는 것은 그야말로 자신의 경쟁력을 한층 더 업그레이드시켜주는 방법이다.

자신과 업에 어울리는 이미지와 목소리 찾기

01 Time(시간): 시간대나 시기, 계절을 고려하라.

02 Place(장소): 장소와 만나는 사람 또는 고객(연령, 성별, 니즈 등)을 고려하라.

03 Occasion(상황): 상황과 자신의 역할을 고려하라.

04 Image Making(이미지 만들기): 상대에게 어떤 이미지로 보여지기 원하는가?

05 Voice Styling(목소리 다듬기): 어떤 목소리를 가져야 경쟁력을 극대화시킬 수 있을 것인가? (발음, 말투, 억양, 빠르기 등)

뉴스와 책 읽기는 하루도
빠뜨리지 않는다

〈태양의 후예〉로 금융 경제에 눈을 뜨다

2016년 KBS2 TV에서 방영되어 전국을 떠들썩하게 만든 〈태양의 후예〉를 여러분은 기억할 것이다. 낯선 땅 극한의 환경에서 사랑과 성공을 꿈꾸는 젊은 군인과 의사의 사랑 이야기를 그린 이 드라마는 남녀 주인공 송중기와 송혜교를 세기의 연인으로 만들며 크게 인기를 끌었다. 특히나 듣기만 해도 가슴이 떨리는 유시진 대위(송중기)의 명대사에 많은 여성들은 푹 빠져서 한동안 헤어나오지 못했다. 나도 그랬으니 말이다.

"걱정 말아요. 미인과 노인과 아이는 보호해야 한다는 게 내

원칙입니다."

"그 어려운 걸 자꾸 해냅니다, 내가."

"100년 만에 첫눈이 왔고, 당신도 살아 돌아왔고, 내 평생 행운을 다 써버려서 이제 남은 건 당신밖에 없어."

지금 들어도 가슴 설레는 명대사이다. 그런데 재테크 강좌를 들으면서 나는 굉장히 신선한 충격을 받게 되었다. 〈태양의 후예〉가 방영되었을 시기에 누군가는 송중기가 먹는 홍삼 스틱과 송혜교가 사용한 쥬얼리나 화장품을 판매했고 그로 인하여 큰 수입을 올렸다는 것이다. 또 누군가는 그 제품을 출시하는 회사의 주가가 올라갈 것을 예상하여 미리 투자를 하고 큰 투자 수익을 얻었다고도 했다. 내가 단순히 재미를 위해 드라마를 시청하면서 송중기와 송혜교의 러브 스토리에 흠뻑 취해 정신을 못 차리고 있을 때, 누군가는 그것을 자신의 비즈니스 또는 금융 경제 지식과 접목하여 수익으로 연결하고 있었던 것이다.

그 강좌를 듣고 나는 왜 금융 경제를 필수적으로 공부해야 하는지 깨달았다. 세상은 아는 만큼 보이고 보이는 만큼 활용할 수 있다. 특히 금융 경제 지식은 내 미래의 삶을 더욱 풍요롭게 만들어주는 황금 지식이다. 《수학의 정석》은 몰라도 살아가는 데 큰 문제가 없지만 금융 경제를 모르면 큰 문제가 발생한다.

뉴스로 시작하고 책으로 잠들다

나는 20대 중반이 지나서야 금융 지능의 중요성을 깨달았다. 어떻게 하면 금융 지능을 조금이라도 빨리 올릴 수 있을까를 고민했다. 그렇게 나의 약점을 보완할 수 있도록 또 하나의 습관(실천 전략)이 만들어졌다. 바로 '눈을 뜨자마자 뉴스를 보는 것 그리고 잠들기 전에 책을 읽는 것'이다.

아침에 일어나자마자 나는 출근 준비를 하면서 주요 방송 3사의 프로그램을 모두 듣는다(출근 준비하느라 '보기'보다는 '듣기'에 집중한다).

이런 습관을 통해 그날의 이슈와 정치, 경제 상황에 대해서 굉장히 관심을 갖게 되었고 모르는 용어들은 찾아보면서 나의 부족한 금융 지식을 쌓을 수 있었다. 그리고 잠들기 전에 금융 경제 관련 책을 읽었다. 물론 금융 경제 분야의 책만 읽는 것은 아니다. 때마다 필요한 책들을 우선순위로 읽고 있다. 중요한 것은 금융 경제 분야 책을 전혀 읽지 않았던 내가 관심을 갖고 읽기 시작했다는 것이다.

무엇보다 가장 빠르게 원하는 지식을 습득할 수 있는 가장 좋은 방법은 '독서'이다. 나는 기존에 갖고 있던 독서 습관을 활용해 금융 경제 지식을 쌓는 데 많은 도움을 받을 수 있었다.

출퇴근 시간이나 업무 시작 전, 점심시간에는 틈틈이 온라인 뉴스기사를 구독한다. 정기 신문을 구독하는 것도 좋은 방법이지만 비용을 지불하지 않고도 최대한의 금융 공부를 시작하고 싶다면 인터넷 뉴스기사로 시작하는 것도 좋다. 최소 대여섯 개 언론사의 뉴스 기사들을 구독하다 보면 같은 사건에 대한 내용을 다른 시각에서 좀 더 풍성하게 접할 수 있다. 네이버가 제공하는 My뉴스 기능을 통해 내가 보고 싶은 언론사만 즐겨찾기를 할 수도 있으니 얼마나 편리한지 모른다.

당신의 하루, 시작과 끝은 어떤가? 지금까지 취업을 하기 위해 토익, 자격증, 인턴 경험, 자기소개서, 면접 공부에 치중했다면 취업을 한 이후에는 이제 목숨 걸고 금융 지능을 올리기 위한 공부를 시작해야 한다. 100세 시대에는 특히 금융 지능이 노후를 결정하게 될 것이다.

성공한 사람들의 독서 습관을 베끼자

성공한 사람들에게 그에 대한 비결을 물을 때 하나같이 공통되게 이야기하는 것이 있다. 바로 '독서 습관'이다. 누군가는 "책 100권을 읽으면 인생이 달라진다"고 말하기도 한다. 인생을 변화시킬 수 있고 성공할 수 있게 만들어주는 비결이 바로 '독서'라고 많은 이들이 이야기함에도 사람들은 책이랑 너무나도 동떨어져 지낸다. 책과 친해져야 한다는 것을 머리로는 알면서도 도저히 몸이 움직여지지 않는다. 과연 어떻게 해야 독서 습관을 가질 수 있을까? 1년에 책 두 권(그것도 학교 필독서로 의무적으로)만 읽던 내가 책과 친해질 수 있었던 방법을 소개한다.

가장 먼저 자신이 현재 1년에 책을 얼마나 읽고 있는지, 한 달 평균 서점에 얼마나 자주 가는지, 어떤 분야의 책을 좋아하는지를 파악한다. 모든 일의 시작은 바로 자신의 현재 상태와 추구하는 목표를 아는 것에서 시작된다. 두 달에 한 권을 읽는다면 한 달에 한 권씩 읽기로 목표를 잡을 수 있고, 한 분야에 치중되어 있다면 다양한 분야를 읽을 수 있도록 책을 고를 때 신경 써서 고르게 될 것이다.

만약 당신이 1년에 한 권의 책도 읽지 않는다면 서점에 가서 관심이 있는 열 권의 책을 골라보자. 그 책이 궁금한 이유와 분야를 살펴보면 현재 자신이 어떤 분야에 관심을 갖고 있는지를 파악할 수 있다. 그리고 책을 읽을 때는 항상 짧게라도 리뷰를 남기자. 단순하게는 독후감 또는 도서 리뷰라고도 하는데 이때 나는 보통 '3R 기법'을 사용한다. 3R 기법이란 읽은 것(Reading), 깨달은 것(Realization), 현실에 적용할 것(Reality application)으로 책의 내용을 리뷰하는 방법인데 이런 방법으로 책을 한 권 읽게 되면 그냥 눈으로 읽고 끝났을 때보다 훨씬 많은 정보와 도움을 얻을 수 있다.

책의 구절 가운데 가장 감명 깊었거나 기억하고 싶은 문장이나 문구를 '읽은 것'에 기록한다. 그리고 그 문장이나 문구를 통하여 '깨달은 것'이 있다면 그 부분을 정리해 적는다. 이런 방법을 쓰면 책의 메시지와 내용을 나만의 방법대로 소화할 수 있다. 그리고 마지막으로 '읽은 것과 깨달은 것'을 통해 얻은 깨달음을 내 '현실에 적용할 것'을 적어본다.

이와 같은 방법으로 100권의 책을 읽고 리뷰를 한다면 분명 당신은 지금과 완전히 달라지게 될 것이다. 여기서 조금 더 시간을 투자할 수 있다면 저자에 대해 조사하여 그 저자가 이 책을 쓰게 된 이유와 시대적 배경, 환경 여건들을 파악하면 좋다. 여기까지 모두 진행하게 된다면 당신은 책뿐만 아니라 저자와도 친해지는 기분을 느낄 수 있을 것이며 그만큼 그 사람의 삶을 통해 얻은 지혜과 지식을 깊게 경험할 수 있을 것이다. 혼자 실행하기 어렵거나 풍성한 독서를 실천하고 싶다면 독서클럽이나 동호회에서 다양한 사람들의 생각을 공유해보는 것도 좋고 저자 강연회에서 직접 저자를 만나 궁금한 점을 물어보는 것도 좋다. 이 방법은 굉장히 적극적인 독서 방법이라고 할 수 있다.

마지막으로 독서 습관을 꾸준하게 유지하기 위해서는 장치가 필요하다. 나는 보통 블로그에 리뷰를 올리거나 모든 책들을 리뷰하기 힘들 때는 적어도 읽은 책의 목록만이라도 정리해둔다(이는 2008년부터 10년 넘게 해온 나의 좋은 습관 중 하나이다). 표를 만들어서 분야, 책 제목, 저자, 출판사, 읽은 날, 한줄 감상평 등을 짧게 기록해놓는다면 한눈에 읽은 책의 목록을 살펴볼 수 있으니 굉장히 편리하다.

또 이렇게 해두면 1년에 자신이 읽은 도서가 몇 권이고 어떤 분야를 주로 읽었는지 자신의 독서 성향을 쉽게 파악할 수도 있다. 좋은 습관은 언제라도 꾸준히 평가 가능해야 하고 늘 관리되어야 습관이라 말할 수 있다.

커리어코치
하니's 생존 꿀팁 ④

나의 독서 목록 리스트

◼ 기간: 2019년 1월~2019년 3월
◼ 목표: 월 5권 이상, 연 60권 이상

순서	대분류	소분류	도서명	저자	출판사	출판일	독서일
1	인문	심리	자존감 수업	윤홍균	심플 라이프	2016-09-01	2019-01-07
	한 줄 감상평:	자존감 관련 교육 프로그램 개발 시 활용할 수 있는 자료가 많음					
2	자기계발	성공/처세	모든 것이 되는 법	에밀리 와프닉	웅진지식 하우스	2017-11-30	2019-01-22
	한 줄 감상평:	'다능인'의 개념을 구체화하여 다능인의 존재성과 강점을 부각시켜주는 자기계발서					
3							
	한 줄 감상평:						
4							
	한 줄 감상평:						
5							
	한 줄 감상평:						
6							
	한 줄 감상평:						
7							
	한 줄 감상평:						

· PART 2 ·

아르바이트
경험을 살린다

사회생활의
첫 단추가 중요하다

네 자신을 알라. 그리고 네 자신을 키워라

"너 자신을 알라(gnothi seauton, 그노티 세아우톤)." 이는 서양 철학의 아버지 소크라테스가 남긴 유명한 명언으로 '너의 무지를 제대로 알라'라는 뜻이다. 즉, 자신이 아는 것과 모르는 것에 대한 기준을 명확하게 하는 것이 중요하다는 이야기이다. 흔히 인생을 살아가면서 중요한 것은 속력보다 방향이라고 말한다. 그런데 방향보다 더 중요한 것이 바로 자신이 서 있는 위치이다. 그 위치가 1이든 5이든 -10이든 그건 중요치 않다. 자신의 위치를 정확하게 직시해야 달려 나갈 힘도 생긴다.

20대가 되어 사회생활을 처음 경험하는 곳이 대개 아르바이트 업장이다. 아르바이트를 중요하게 생각하고 잘 활용하면 분명 당신 앞에 놓인 수많은 기회를 잡을 수 있을 것이다.

아르바이트라는 첫 사회생활을 통해 얻게 되는 첫 번째 선물은 바로 '나를 알게 됨'이다. 다양한 업무를 하고 다른 사람들과 관계를 맺으면서 자신이 잘하는 것, 잘하지 못하는 것, 빠르게 배우는 것, 아무리 노력해도 배우기 어려운 것이 무엇인지 비로소 알게 될 것이다. 그렇게 자신이 좋아하는 것이 무엇인지 잘하는 것이 무엇인지를 점차 발견하게 된다. 학창 시절까지 국영수를 중심으로 똑같은 교육을 받고 정작 자신이 잘하는 것으로 "나는 영어를 잘해", "나는 수리를 잘해"라는 말밖에는 할 수 없었던 때와 달리 "나는 사람들과 대화하는 것을 잘해", "나는 꼼꼼하게 정리하는 것을 잘해", "나는 요리하는 데 소질이 있어" 하고 소질을 알게 된다. 교과 공부만으로는 알 수 없었던 답들이 보이기 시작한다.

그러므로 나는 아르바이트가 내 인생에서 중요한 기회가 된다고 생각한다. '나를 아는 것'을 시작으로 '앞으로 어떤 일을 하면서 살아야 할지'에 대한 생각으로 이어지기 때문이다. 또 자신이 맡은 일이 아무리 사소한 업무라 할지라도 아르바이트 장소는 스스로에게 수많은 성공 경험을 먹여줄 수 있는 곳이기도 하다. 자신의 업을 찾고 꿈을 찾고 가치와 효용성을 충분히 누릴 수 있는 첫 관문, 바로 아르바이트이다.

우리는 모두 1인 경영자이다

요즘은 1인 기업가, 1인 경영자가 대세인 시대이다. 정보화 시대가 진행되면서 1인 미디어가 점차 확대되고 1인 기업, 1인 경영이 가능해진 시대가 된 덕분이다. 1인 기업으로 성공한 이들은 "평생직장의 개념이 사라진 지 오래이니 더 이상 회사에 의존하지 말고 자신의 능력을 꾸준하게 키워서 독립하라"고 조언한다. 특히 혼자서도 충분히 1인 기업가가 될 수 있는 환경은 많은 이들에게 1인 기업가의 꿈을 심어주고 있다. 1인 기업가가 되는 것은 각자의 선택이지만 1인 경영자가 되는 것은 이제 필수인 시대가 되었다. 시대가 변화하는 만큼 자기 인생을 스스로 경영해갈 수 있는 능력을 모두가 갖추어야 한다.

어렸을 때부터 자기경영 능력을 확립하는 것은 매우 중요하다. 하지만 자신에게 그런 능력이 없는 것 같아 보이더라도 실망부터 하지는 말자. 아르바이트를 통해 충분히 경영 능력을 키워갈 수 있기 때문이다. 사람들은 대개 아르바이트를 하면서 태어나 처음으로 노동을 제공하고 그에 따른 보상을 받게 된다. 노동력을 통해 돈을 벌게 되면서 부모님의 그늘 아래서 한 발자국 나올 수 있게 되는 것이다. 이전까지는 필요한 것이 있으면 모두 부모님과 상의해야 했고 요청을 해서 허락을 받아야만 가질 수 있었다. 하지만 아르바이트를 하게 되면 더 이상 부모님께 요청하지 않아도 자기 힘으로 가질 수 있다. 그리고 자신이 번 돈으로 무언가를 얻게 되었을 때의 기쁨은 매우 크다.

아르바이트가 자기 인생의 기회라고 말할 수 있는 두 번째 이유는 바로 자기주도성, 자기경영 능력을 확립할 수 있기 때문이다. 우리는 아르바이트를 통하여 자신이 갖고 있는 시간과 노동력을 자신의 계획하에 사용할 수 있게 된다. 그리고 아르바이트를 통하여 보람과 성취를 경험하게 된다. 공부할 때 받는 성적표로 등급이 나눠진 결과가 아니라 모두 각자 자신만의 다양한 결과값을 갖게 된다. 이것이 바로 아르바이트가 당신의 인생에 주는 두 번째 선물이다.

체인지메이커가 되자

나는 이 세상 모든 알바생들이 체인지메이커(Changemaker)가 되길 바란다. 자신이 일하는 곳의 환경을 깨끗하게 바꾸고, 고객들을 편안하게 만들어주고, 동료들과 지내는 분위기를 화목하게 만들 수 있는 체인지메이커, 더 나아가 사장님께 인정받을 수 있는 매출 체인지메이커까지. 당신이 있는 곳에서 당신이 체인지메이커가 된다면 결국 당신은 아르바이트를 통해 세 번째 선물인 문제해결 능력을 얻게 될 것이다.

급변하는 사회에서 살아남는 인재는 바로 문제해결 능력을 갖춘 사람이 될 것이다. 당신이 일하는 곳에서 당신이 일한 이후로 어떤 변화를 경험했는가? 사람들의 표정이 밝아졌는가? 혹은 더 어두워졌는가? 함께 일하는 사람들과 당신의 관계는 어떤가? 아직 어색한가? 아니면 이미 오래전부터 알고 지낸 사이처럼 친해졌는가? 매달 수치로 평가되는 매출은 늘었는가? 줄어들었는가?

물론 이런 변화가 긍정적이든지 부정적이든지 모두 당신이 오고 나서 나타난 결과라고 말할 수 있는 실질적인 근거는 없을지도 모른다. 하지만 당신이 일한 이후로 매장을 찾는 손님들이 당신에게 감사를 표하기도 하고 매장 분위기가 당신의 미소 한 번으로 더 밝아질 수 있다. 그 비결을 알고 실천하는 사람은 분명 체인지 메이커가 될 수 있다.

이와 같이 아르바이트는 '자아인식 능력, 자기경영 능력, 문제 해결 능력'을 키울 수 있는 가장 큰 경험이자 자산이 된다. 그러므로 그 소중한 시간들을 절대로 헛되이 보내지 않길 바란다. 당신의 무한한 가능성을 마음껏 펼치는 시간이 되기를 바란다. 한 번뿐인 소중한 인생에서 절대 가벼운 시간이란 있을 수 없지 않은가? '아르바이트는 가벼운 일이니까 대충 시간만 때워도 돼'라고 생각하면 그만큼 내 삶의 성장 거리를 잃는 셈이다. 아르바이트를 하는 당신의 삶과 시간을 소중히 여기고 성장의 밑거름으로 만들어가는 여러분들이 되기 바란다.

평생 직장 말고
'평생 업'을 찾다

걱정과 현실 사이에서 중심을 찾자

"제가 뭘 좋아하는지, 제가 뭘 잘하는지 잘 모르겠어요."

"전공은 이건데 흥미도 적성도 없고…… 앞으로 뭐 해먹고 살아야 될지 감이 안 잡혀요."

대학생, 취업 준비생들을 만나보면 대개 털어놓는 고민이 비슷하다. 자신의 전공으로는 도저히 취업이 안 될 것 같고 먹고 살길이 보이지 않는다는 걱정과 자신에 대한 분석이 전혀 되어 있지 않아 자신이 무엇을 좋아하고 잘하는지조차 파악하지 못하고 있는 현실…….

그들은 그야말로 눈앞이 깜깜한 상태로 나를 찾아온다. 나는 그들을 만나면 언제나 가장 먼저 자신에 대한 공부를 하라고 말한다. 그에 대한 다양한 방법들은 이미 1장에서 소개했다. 자신에 대한 인식이 생겼다면 다음으로 '업(業)'에 대한 공부를 하는 것이다.

업에 대한 공부를 할 수 있는 가장 좋은 방법은 바로 20대 초반부터 다양한 아르바이트를 경험하는 것이다. 사람은 환경에 익숙한 동물이기 때문에 보통 가족이나 자신이 좋아하는 사람들 또는 롤 모델이 있다면 그 모습을 닮아가고자 노력하게 된다. 그래서 아버지가 의사인 집안에 의사인 아들이 나오고 어머니가 선생님인 집안에 선생님인 딸이 나오기가 쉽다. 그들의 자녀들도 많은 시간을 부모님과 보내면서 부모님의 직업에 대한 장단점을 파악했을 것이다. 그리고 어느새 부모님처럼 되고자 하는 꿈을 꾸게 되었을 것이다. 부모님의 삶을 통해 업에 대한 공부가 긍정적으로 이루어진 것도 크게 한 몫을 차지했을 것이다.

그러나 자신에게 업에 대한 공부와 흥미를 일으켜줄 사람이 주변에 없다면 어떨까? 방법은 간단하다. 스스로 찾는 것이다. 가만히 있어도 누군가가 다가와서 '넌 이 일을 해라'라고 말해주지 않는다. 꿈과 직업은 오직 자신만이 찾을 수 있다. 그러니 꾸준히 다양한 종류의 업을 공부해야 한다. 첫 시작의 테이프를 아르바이트로 끊자. 할 수 있다!

당신은 외향성인가 내향성인가?

아르바이트를 처음 시작하는 당신이라면 아르바이트를 시작하기 전에 본인의 성향을 먼저 파악하기 바란다. 크게 외향성, 내향성 두 분류로 나누었을 때 당신은 어느 유형에 해당되는가?

외향성이란 활발하고 사교적인 사람만을 의미하지 않는다. 이두 가지 범주는 에너지를 얻는 방법에 따라 분류된다. 외향성인 사람들은 많은 사람들과 함께 있을 때 에너지를 충전하는 유형이고 내향성은 반대로 혼자 시간을 보내며 에너지를 충전하는 유형이다. 내향성인 사람들도 많은 사람들 앞에서 표현을 잘하고 이야기를 능숙하게 할 수 있으므로 자칫 사교적으로 보일 수 있지만, 그들은 끊임없이 에너지를 쏟기 때문에 모임이 끝나면 굉장한 피로감을 느낀다.

나는 내향성에 가까운 유형의 사람이다. 많은 사람들을 만나는 것에 거리낌이 없고 순식간에 친해질 수 있는 능력도 있지만 그것은 내가 오랜 노력 끝에 얻게 된 나만의 사교적인 기술일 뿐나의 본래 성향은 사교를 즐기는 사람이 아니다. 나는 퇴근 후에도 집에서 혼자 보내는 시간이 반드시 필요하다. 하루를 마감하며 기록하고 또 내일의 스케줄을 정리하는 시간이 내 하루의 마무리며 내가 에너지를 충전하는 시간이다. 그래서 야근을 하거나 늦게까지 모임을 갖고 집에 오면 굉장한 피로감을 느낀다.

당신은 어떠한 성향인가? 나는 개인적으로 본인의 성향에 맞는 아르바이트로 첫 일자리를 구하기를 권유하고 싶다. 무엇이든지 처음이 어렵지 두 번째는 어렵지 않은 법. 일단 첫 아르바이트를 통해 일의 재미를 느낀다면 다른 어떤 것도 도전할 수 있는 자신감을 얻을 수 있다.

당신이 외향적이라면 많은 사람들을 만나고 많은 사람들과 함께 일할 수 있는 일자리를 구하기 바란다. 일을 하면서 사람도 사귀니 사람과 함께할 때 더욱 넘치는 당신의 에너지로 어느새 자신도 몰랐던 모습을 발견할 수 있을 것이다. 추천하는 업종은 프랜차이즈 카페나 음식점, 헬스장, 대형 마트처럼 동시간대에 함께 일하는 직원들이 많고 불특정 다수를 상대하는 일자리이다.

반대로 내향적인 사람이라면 혼자서 하는 일을 찾거나 사람들을 많이 상대하지 않는 일자리에서 시작하기 바란다. 예를 들면 같은 카페 직종이어도 소규모로 하는 작은 개인 카페라면 혼자서 일하는 시간이 많아 당신에게 맞을 수 있다. 식당 일을 선택할 때도 홀 서빙이 아닌 주방 보조를 맡거나 대형 마트에서는 주차장 안내 요원이나 물품 재고를 관리하는 일 또는 사무직 아르바이트 등을 하면 적당하다.

두 번째 아르바이트는 반대 성향의 일을 찾아라

첫 번째 아르바이트 경험을 자기 성향에 맞는 아르바이트로 시작했다면 두 번째는 반드시 반대 성향의 일자리에 도전하는 것이 좋다. 한 가지만 잘해서는 빠르게 변화하는 세상에서 인정받는 인재가 될 수 없다. 그러니 자신에게 부족한 부분을 채울 줄도 알아야 한다. 첫 번째 아르바이트로 자신감을 얻었으니 이제 생소한 분야에 도전해보자.

나는 헬스장에서 일하다가 갑자기 생뚱맞게 두 번째 일자리로 치과를 선택했다. 치과를 선택한 이유는 단 한 가지이다. 한 번도 내 진로를 생각해본 적이 없었던 생소한 분야였기 때문이다.

요즘 중고등학교에는 직업체험 프로그램이 있지만 내가 학교를 다니던 시절에는 이런 제도가 전혀 없었다. 그렇기에 나는 온전히 직접 부딪쳐서 경험해야 했다. 그래야 나에게 맞는 최적화된 진로를 찾았을 때 흔들리지 않고 강단 있게 걸어갈 수 있을 것이라 생각했다.

물론 생소하고 낯선 일을 한다는 것이 처음에는 무척 힘들었다. 하지만 그곳에서도 나 나름대로의 적응 능력을 키우고 배울 수 있는 모든 지식을 배우려고 노력했다. 그렇게 눈 딱 감고 한 달, 두 달 시간을 채워나가다 보니 어느새 내가 갖고 있는 탁월함과 직무 적합성을 발견하게 되었다.

결국 아르바이트를 시작할 때 가장 중요한 것은 바로 '나'에 대한 분석 능력이다. 자신이 어떤 성향의 사람인지, 어떤 상황에서 능력을 충분히 발휘할 수 있고 어떻게 일을 즐길 수 있는지에 대한 모든 분석을 아르바이트를 통해서 충분히 경험해야 한다. 게다가 아르바이트를 하면서 자신에게 전무했던 지식과 경험까지 채울 수 있다면 일석이조가 아닐까?

시간대별 아르바이트 고르는 법

자기 성향을 파악했다면 그다음으로 아르바이트를 할 수 있는 시간대를 설정해야 한다. 이는 아르바이트도 계획적으로 해야 한다는 뜻이다. 보통 9시~18시 근무하는 직장인들과 달리 아르바이트는 굉장히 폭넓은 시간대에서 모두 지원이 가능하다. 그렇기 때문에 무분별하게 보이는 대로 다 지원하기보다는 계획을 갖고 맞는 시간대에 아르바이트를 구하는 것이 중요하다.

보통 학기 중에는 평일 저녁 아르바이트 또는 주말 아르바이트를 선호하는데 나는 가능하면 주말 아르바이트를 하는 편이 좋다고 생각했다. 학교생활이라는 것이 낮에 하는 전공수업 외에도 저녁에 하는 행사가 많기도 했고 다양한 동아리 활동이 있는데 그런 자리에 한두 번씩 빠지다 보면 대학생활의 추억과 대인관계를 모두 잃게 될 것이라 생각했기 때문이다. 또 과제를 하거나 개인적인 공부를 해야 할 때도 평일 저녁은 황금 같은 시간들이 많았다. 따라서 의미 있는 즐거운 대학 생활과 아르바이트 두 마리 토끼를 잡기 위해서라도 학기 중에는 주말 아르바이트를 위주로 찾는 것이 좋다.

방학 중에는 상대적으로 학기 중보다 많은 돈을 벌 수 있기 때문에 철저한 계획하에 아르바이트를 시작해야 한다. 시간대별 아르바이트는 크게 오전, 오후, 야간 세 가지 범주로 나눌 수 있다. 어떤 것을 선택하든지 본인의 근태에 문제가 없고 자신이 세워둔 계획을 실천하기에 무리가 없는 시간대를 고르는 것이 가장 현명한 선택이라고 할 수 있다. 야간 일자리는 야간수당까지 붙어서 시급이 더 셀 수 있으나 다음 날 오전에 계획해둔 일정에 문제가 생긴다면 좋은 선택은 아니다. 아르바이트가 자기 삶의 우선이 아니라 자기 삶이 먼저 우선이 되는 아르바이트를 하기 바란다.

나는 휴학을 하고 다른 분야를 공부하고자 남들보다 하루를 일찍 시작하고 싶었다. 그런 니즈에 따라서 헬스장 아르바이트가 안성맞춤이라는 생각을 했다. 새벽 5시부터 하루를 시작할 수 있다는 것과 퇴근 후 남는 시간이 많다는 것이 내게 가장 큰 선택 요인으로 작용했다. 그렇게 나는 누구보다 하루를 일찍 시작해 일했고 2~3시면 퇴근했다. 퇴근 후에는 하고 싶은 공부에 매진했다. 온라인으로 사회복지사 자격증을 공부했고 연예기획사 오디션을 전문적으로 준비할 수 있는 댄스 학원을 다니면서 문화 공연 기획가 및 안무가의 경력을 꾸준히 개발시켜나갔다.

지금 돌이켜보면 한 학기 휴학을 신청하고 다시 복학하기까지 8개월 동안, 학교를 다니면서 공부한 것보다 폭넓은 분야에서 더 많이 공부하며 치열하게 살았던 것 같다. 오히려 학교 다닐 때보다 잠도 줄였다. 하루에 두세 시간, 많아야 네 시간을 자면서 내가 경험할 수 있는 모든 세상을 공부했다. 누군가가 나에게 "대학교를 휴학한 8개월 동안 무슨 일을 했나요?"라고 묻는다면 나는 이렇게 답할 수 있다.

"낮에는 헬스장 직원 또는 치과 간호조무사로 업에 대한 공부를 했습니다. 그리고 퇴근 이후에는 댄스 학원 전문반에서 입시나 오디션을 준비하는 친구들과 함께 춤을 전문적으로 배웠죠. 지인의 추천으로 청소년 댄스팀 강사로 활동하기도 했습니다. 그리고 새벽에는 온라인으로 짬짬이 사회복지사 이론 교육을 모두 수강했어요. 공연 기획이나 안무 창작을 할 때는 새벽 3~4시가 되어야 잠들곤 했습니다."

나를 알고 업을 알기

> A: "나는 '① 의사'로서 '② 육체가 아픈 사람들'의 '③ 육체를 치료하고 병을 고쳐주는 일'을 하고 싶다."
>
> B: "나는 '① 의사'로서 '② 육체가 아픈 사람들'을 위해 '③ 신약을 개발하고 연구하는 일'을 하고 싶다."
>
> C: "나는 '① 심리상담사'로서 '② 마음이 아픈 사람들'의 '③ 마음을 치료하고 회복시켜주는 일'을 하고 싶다."
>
> D: "나는 '① 아동심리상담사'로서 '② 마음과 정신이 아픈 아이들'을 위해 '③ 마음을 치료하고 회복시켜주는 일'을 하고 싶다."

위의 A, B, C, D 네 명의 직업적 니즈를 파악해 정의해보았다. 이 한 문장에는 자신이 원하는 ① 직업(직)과 ② 대상 그리고 ③ 직무(업)가 들어간다. '직'과 '업'에 대한 이해가 분명히 되는가? 이를 통해 정리해보면 '직'은 자신이 되고 싶은 명사형 꿈이고, '업'은 평생 이루고 싶은 동사형 꿈이다. 그렇기 때문에 대개는 '직업'을 생각하면서 명사형 꿈과 동사형 꿈을 모두 생각할 수 있어야 한다. 그런데 대부분의 청년들은 '직'만 생각하기 때문에 직업을 통해 완전한 자아실현을 이루기가 어려운 것이다. A와 B는 같은 '직'을 꿈꿨으나 '업'의 방향이 다르다. C와 D는 '업'은 같지만 '직'은 상대하는 대상이 다르므로 유사 직종으로 분류된다. 그러므로 '업'에 대한 이해를 먼저 선행한 이후에 '대상'을 선정하고 '직'을 구해야 한다.

남다른 생각, 남다른 행동, 남다른 직원

무엇이 남다른 직원이 되게 하는가?

일반적으로 아르바이트를 생각하면 정식 직장이 아니라 단순 용돈벌이 수단 정도로 인식한다. 그래서 그런지 자신이 맡은 일에 대해 필요 이상으로 배우려고 노력하지 않는다. 계약된 시간만 채우고 가기 바쁘다. 은연중에 '교대자 오면 바로 칼퇴해야지' 라는 생각을 하게 마련이다. 그리고 정해진 최저임금에 따라 일한 시간만큼 월급을 받을 수 있다면 더 바랄 것이 없다고 생각한다. 요즘 친구들이 생각하는 아르바이트에 대한 인식은 딱 이 정도인 것 같다. 자신이 일하는 곳이 어느 곳이든 상관없이 그저 시급이 세면 좋고 남들보다 조금 더 편하게 일할 수 있으면 '꿀 알바'가 되는 사회생활 말이다.

그러나 아르바이트를 기회로 만들고 싶은 사회 초년생도 있다. 아르바이트하는 시간마저도 자신의 미래에 보탬이 되기를 바란다. 그렇다면 A와 B의 예화를 통해 생각을 전환시켜보는 건 어떨까?

A: 그저 시간만 때우고 가자 유형

A 학생은 한 프랜차이즈 카페에서 아르바이트를 하고 있다. 평소에 커피를 별로 좋아하지 않지만 드라마에서 커피머신으로 커피를 내리는 모습이 왠지 멋있어 보여서 이 아르바이트에 지원했다. 친구들에게 들어봐도 고기집이나 레스토랑보다는 카페 일이 훨씬 쉬워 보여서 편하게 일할 수 있을 것이라고 생각했다.

하지만 예상했던 것과는 달랐다. 손님은 끊임없이 밀려들고 설거지는 해도 해도 끝이 없다. 쓰레기는 왜 이렇게 많은지 화장실 청소는 왜 매일 해야 하는지 모든 것이 불만이다. 게다가 수십여 가지나 되는 음료 레시피와 들어가는 재료도 복잡한 브런치 종류가 너무 많아서 모두 다 외우기도 힘들다. 좀 적응이 되려고 하면 금방 신상품이 나와 또다시 A를 괴롭힌다. 학교 공부 하기도 힘든데 아르바이트하러 나온 곳에서도 공부를 해야 하니 머리가 터질 지경이다. 가끔씩 '진상' 손님들이 컴플레인을 걸면 점장님에게 한소리까지 들어야 하니 이건 육체적으로도 정신적으로도 엄청난 스트레스이다.

이제는 하루라도 빨리 카페를 그만두고 싶다. PC방에서 일하는 친구가 자기보다 더 편해 보여서 부러워진다. 그래서 다음 일자리는 PC방으로 알아보려 한다. 이런 식으로 아르바이트만 하다가 어떻게 좋은 학점을 받고 다양한 스펙을 쌓아서 취업할 수 있을까? 생각만 해도 고민이 이만저만이 아니다. 오늘도 종일 한숨만 쉬며 일하다가 그나마 짬이 난 쉬는 시간에 스마트폰을 보며 아르바이트 끝나고 같이 술마실 친구를 구해본다.

B: 여기서 뭐라도 배우고 가자 유형

B 학생은 평소 친구들과 커피를 즐겨 마시면서 어떡하면 맛있는 커피를 만들 수 있는지 굉장히 궁금했다. 그래서 기왕이면 아르바이트를 카페에서 시작해보기로 했다. 면접을 볼 때도 사장님께 레시피를 빠르게 익힐 수 있도록 열심히 일할 자신이 있다고 단단히 약속했다. 그렇게 모든 레시피를 하나하나 수첩에 적어 메모했고 핸드폰으로 사진을 찍었다. 그리고 카페에서 일하는 시간뿐만 아니라 학교에서도 틈틈이 레시피를 보며 머릿속으로 시뮬레이션을 수없이 반복했다. 그렇게 일주일 만에 거의 모든 메뉴를 마스터하니 일머리가 생겨 마음의 여유가 생겼다. 마음의 여유를 갖게 되니 손님을 대할 때도 웃으면서 친절하게 대할 수 있었고 일처리가 신속해져 컴플레인이 전혀 발생하지 않았다. 어느새 점장님께서는 B를 보고 '우리 지점의 에이스'라고 이야기하며 신입 교육을 맡겨주기도 했다.

B는 자신이 만든 커피를 마시고 "정말 맛있게 잘 마셨어요"라고 반응해주는 손님들 덕분에 뿌듯함을 느껴 오늘도 콧노래를 중얼거리며 즐겁게 일한다. 그리고 짬이 날 때는 우유 거품으로 더 예쁜 모양을 내기 위해 라떼아트도 틈틈이 공부한다. 언젠가 바리스타 자격증을 취

득하는 것도 목표로 삼았다. 전공과는 전혀 무관한 자격증이지만 아르바이트로 배운 경험을 살려 바리스타 자격증을 손쉽게 딸 수 있을 것 같은 자신감이 생겼기 때문이다. 그리고 단순히 아르바이트 경험이 아니라 전문적인 지식까지 갖추게 된다면 카페 일을 하면서도 도움이 많이 될 것이고 '나중에 어디에라도 써먹을 수 있지 않을까?'라는 생각도 들었다. 그런 B를 지켜본 사장님이 B에게 월급날 보너스를 주면서 말씀하셨다.

"B가 오고 나서 우리 카페가 환해졌어. 그동안 고생 많았어. 고마운 마음에 시급에서 얼마쯤 더 넣었어. 그리고 혹시 평일에 시간 괜찮으면 일하는 시간을 좀 더 늘려서 정직원으로 들어왔으면 싶은데, 어때? 차근차근 경력을 쌓으면 나중에 본사로 들어갈 수도 있어. 내가 추천해줄게."

어떤가? A와 B는 같은 카페에서 일했지만 이렇게 다른 결과를 맞이했다. 이 예화는 실제로 내가 겪은 경험이며 나는 여기서 B에 해당되었다. 나중에 동생과 카페를 경영할 줄은 꿈에도 몰랐지만 B처럼 근무했기 때문에 카페를 경영할 때도 아르바이트에서 얻은 지식과 경험을 풍부하게 활용할 수 있었다

A와 B의 가장 큰 차이점은 무엇일까? 바로 일에 대한 생각의 차이였다. A는 카페를 그저 '용돈벌이 수단'으로 여겼고, B는 자신이 좋아하는 한 분야에 대해 '배울 수 있는 곳'이라고 여겼다. 자신이 관심 있는 분야에 대해 배울 수 있는 곳이라고 여기면 사람은 당연히 최선을 다해 열심히 배우려 노력하게 된다. 다른 사람보다

하나라도 더 배우고자 하는 욕심을 부린다. 그런 생각의 차이가 결국 남다른 행동을 하게 만들고, 남다른 직원이 되게 만든다.

아르바이트를 자기 인생의 기회로 만들기 위해서는 남다른 생각을 갖고 남다른 행동을 하는 남다른 직원이 되어야 한다. 남다른 직원이 되면 뭐가 좋아지느냐고? 적어도 다른 직원보다는 조금이라도 더 많은 월급을 받고, 끼니를 걱정해주고 챙겨주는 사장님이 생기며, 자기 앞에 정규직 추천이라는 취업의 문이 열리기도 한다. 같은 곳에서 같은 시간 동안 일한다면 이런 보너스를 당연히 누려야 하지 않을까?

일을 하다 vs 일을 배우다

대부분의 사람들은 일을 하느라 정신없이 바쁘거나 혹은 다른 직원보다 자신이 일을 조금이라도 더 많이 하는 것 같으면 불평불만을 쏟아낸다. "왜 나만 이렇게 힘든 일을 하는 거지?", "왜 나만 일을 다 하는 것 같지? 다른 직원들은 좀 편해 보이는데 말이야". 이런 불평은 자신이 '일을 한다'라는 생각에서 파생된 결과이다. doing의 개념으로만 일을 생각하면 자신의 doing이 많으면 많을수록 힘들어진다. 게다가 월급을 똑같이 받는 다른 직원보다 자기 doing이 많다면 모든 것이 불공평하다는 생각이 들면서 점점 자신이 하는 doing과 다른 직원이 하는 doing을 비교하고 눈치를 보면서 자기 것을 하나 둘씩 빼기 시작한다. 과연 이런 방법이 당신을 특별한 직원으로 만들어줄 수 있다고 생각하는가?

간단하게 생각해보자. 1년 동안 열 가지 doing을 가르쳐주고 열 가지 doing을 하는 사람과 열 가지 doing을 가르쳤는데 스무 가지 doing을 하는 사람이 있다. 연봉 협상을 할 때 혹은 승진 대상을 결정할 때 상사가 어떤 사람을 더 우대하겠는가? 너무나도 당연한 진리를 사람들은 알면서도 모르는 척 살아가는 것 같다. 아니, 알면서도 거부하는 것 같다. 왜? 다들 '일을 하며' 정신없이 살아가고 있기 때문이다.

아르바이트생이든 사회 초년생이든 공부만 하던 학생의 역할에서 사회 구성원으로서 일을 시작하는 역할로 자신의 자리를 전환해갈 때는 무엇보다 '일을 한다'라는 생각이 아니라 '일을 배운다'라는 생각을 먼저 마음에 새겨야 한다. 나는 내가 언제 어느 곳에서든지 항상 '일을 배운다'라고 생각한다. 그렇게 생각하기 시작하면 나에게 doing이 너무나도 소중해진다. 다른 사람보다 doing을 더 많이 하고 싶어진다. 왜? 나는 일을 배워야 하니까. 나는 다른 사람보다 일을 빠르게 많이 배워서 내가 있는 곳에서 대체 불가능한 직원이 되어야 하니 말이다. 그것이 바로 대체 불가능한 직원이 되는 비결이자 자기 인생을 성공시킬 수 있을 정도로 성장할 수 있는 1인 경영자가 되는 비결이다.

"나는 직원을 뽑아봤다"

작은 카페의 경쟁률도 1 대 100일진데

앞장에서 남다른 직원이 되는 비결은 결국 생각의 전환에 있다고 소개했다. 나는 일에 대해서 단순히 '돈벌이 수단'으로 여기는 것이 아니라 '배움터'로 여기는 생각이 결국 나를 성장하게 만들어주는 동력이 될 것이라고 믿는다. 그리고 실제로 나는 카페를 경영하면서 남다른 직원을 채용해본 경험도 있다. 이번 장에서는 사장의 입장에서 남다른 직원을 어떻게 가려내는지에 대해 소개하겠다.

동생과 개인 카페를 경영할 때의 일이다. 일손이 모자라 박 사장(친동생이지만 업무상 존중하는 의미로 나는 사업장에서 동생을 이렇게 불렀다)과 협의 후에 두 명의 직원을 채용하기로 했다. 구인/구직 사이트에 평일 파트타임 한 명과 주말 한 명 채용 공고를 올렸고 200명의 지원자가 몰렸다. 200명이나 몰린 서류를 보면서 박 사장과 나는 적잖이 당황했다. 두 명을 뽑는데 200명이나 지원하다니…… 1 대 100의 경쟁률이 아닌가? 우리 카페가 대형 프랜차이즈도 아니고 동네에서 작게 운영하는 카페였음에도 이렇게 많은 지원자가 있다는 것이 굉장한 충격이기도 했다.

200명의 면접을 다 볼 수는 없는 노릇이어서 우리는 1차로 서류 검토를 시작했다. 입사지원서를 충실히 적고 또 주소지가 가까운 거리의 지원자 20명을 추려서 면접을 진행하기로 했다. 입사지원서를 불성실하게 작성한 사람들은 무조건 탈락시켰다. 아무리 아르바이트이지만 이런 자세로 구직 활동을 하는 친구라면 신뢰할 수 없다고 생각했다. 기본적인 구비 사항인 사진을 누락한 지원자도 많았고 자기소개서에 겨우 한두 줄만 적은 지원자도 태반이었다. '이들은 왜 이렇게 성의 없이 지원을 하는 걸까?'라는 생각과 동시에 '아르바이트를 단순 용돈벌이가 아니라 인생의 중요한 경험으로 생각하는 청년들이 이렇게나 없구나'라는 생각에 굉장히 안타까운 마음도 들었다.

1차적으로 불성실한 서류를 제외하고 나머지 서류들을 검토하면서는 깔끔한 차림의 사진이 있는지, 카페에서 일했던 경험이 있는지에 대한 관련 경력 사항을 체크했다. 카페는 항상 청결하고 단정한 분위기를 유지하는 게 관건이라 직원의 이미지도 최대한 업종에 맞게 고려할 수밖에 없기 때문이다. 또한 우리는 신입 사원을 충분히 교육할 수 있는 시간과 여유가 없었기에 경력이 굉장히 중요한 고려 사항이었다. 아마 이 점은 대부분의 소상공인 자영업자 또는 중소기업 대표님들이 공통으로 느끼는 사항일 것이다.

그렇게 우리는 최대한 괜찮아 보이는 20명의 지원자를 선별했다. 박 사장과 나는 근무시간이 서로 달라서 따로 면접을 보는 경우도 있었지만 면접자가 온다고 하면 얼굴이라도 보려고 카페에 찾아가 함께 면접자를 맞이하곤 했다. 그만큼 우리는 제대로 된 직원이 절실했다. 그중 가장 기억에 남는 면접자에 대한 예화를 소개하도록 하겠다.

손님 코스프레로 찾아온 인연

여느 때와 같이 나는 한 지원자와 면접을 진행하던 중이었다. 그리고 면접이 끝난 후 별로 마음에 들지 않는 지원자에 대해 고민에 빠져 있었다. 그때 문이 열리는 소리가 들렸고 한 번도 본 적이 없었던 젊은 20대 중반의 손님이 들어왔다. 그녀는 구석에 자리를 잡고 카운터로 다가와 커피와 브런치 메뉴를 주문했다. 그녀가 주문한 것을 내주고 방금 전에 면접을 봤던 지원자에 대해 박 사장과 이야기를 나누고 있었다. 이런저런 이야기가 오가는 도중에도 나는 20대 여성 손님이 구석에서 노트북을 켜놓고 열심히 공부하는 것을 유심히 쳐다보았다. 골목 카페라 대부분 오시는 분들이 익숙했기 때문에 새로운 얼굴을 익히기 위해서이기도 했고 단순한 호기심도 조금은 있었다.

그런데 다음 면접자와의 면접 시간이 되자 구석 자리에 앉아 있던 그 손님이 일어나더니 우리에게 입사지원서를 내미는 것이 아닌가! 나는 당황하면서 면접을 보러 오신 분이었냐고 물었다. 그렇게 그녀는 나에게 강렬한 첫 인상을 남겼다. 면접을 시작하기에 앞서 나는 왜 손님으로 먼저 들어와서 커피와 브런치를 시켰는지 물었다. 아무런 말도 없이 손님인 것처럼 커피를 시킨 의중이 무엇보다 궁금했다. 내 질문에 그 친구는 이렇게 답변했다.

"물론 제가 면접을 보는 입장이지만 저도 커피와 브런치를 맛보면서 카페 분위기를 느끼고 싶었습니다. 저도 제가 일하고 싶은 곳인지를 경험하고 싶어서요. 그런데 첫인상이 아주 좋았습니다. 아담하면서도 아늑한 분위기가 마음에 들고 무엇보다 커피랑 브런치가 굉장히 맛있었어요."

그 이야기를 듣는 순간 나는 바로 그 자리에서 결정했다.

'이 친구를 반드시 뽑아야겠다!'

그리고 이어진 질문들에서도 이 친구의 준비성이 남다르다는 것을 느꼈다. 우리 카페에 대한 블로그, 평판, 후기, 관련 기사를 모두 정독하고 왔을 뿐만 아니라 카페에서 일한 경력은 없어도 다양한 서비스업에서 일해본 경험이 있었던 것이다. 이 친구라면 경험이 없어도 내가 가르쳐서라도 꼭 함께 일하고 싶었다. 보통 지원자들에게는 없었던 남다른 태도가 보였다. 이 친구라는 생각이 들자 다른 조건들은 크게 중요하지 않았다. 마지막으로, 출근은 언제부터 시작할 수 있는지를 묻고 면접 결과는 내일 알려주기로 하고 면접을 마쳤다. 그날 나는 수많은 모래알 속에서 진주를 찾은 듯한 기분이었다.

위의 예화는 카페를 운영하면서 실제로 내가 면접을 진행하고 직원을 채용한 경험담이다. 나에게 100명의 지원자 가운데 한 명을 골라내는 일은 수많은 모래알 속에서 진주를 발견해내는 일과 같았다. 내가 이 예화를 소개하는 이유는 아마 대부분의 인사담당자, 중소기업 사장님들 역시 이런 진주 같은 인재를 간절히 찾고 있다고 생각하기 때문이다.

그렇다면 내가 수많은 경쟁자들을 제치고 반짝이는 진주가 되기 위해서는 무엇을 준비해야 할까? 나에게는 100 대 1 경쟁률에서도 1이 될 수 있는 남다름이 있는가? 이에 대한 답을 찾는다면 우리는 어떤 기업을 지원하든지 100퍼센트 합격할 수밖에 없을 것이다.

100:1 경쟁률에서 살아남는 방법

1. 성실한 입사지원서 작성

인사담당자가 가장 먼저 보는 것이 입사지원서이다. 요즘은 아르바이트나 계약직 직원에게도 입사지원서를 받으므로 성실하게 작성하는 것이 필수이다. 입사지원서는 객관적인 정보를 담는 이력서와 주관적인 정보를 담는 자기소개서로 나뉘는데 이에 대한 작성법은 뒤에서 소개하도록 하겠다. 다만 사전에 입사지원서를 충실하게 작성해본 사람만이 정규직 입사지원서도 매력적으로 작성할 수 있음을 잊지 말자. 입사지원서는 자신을 나타내는 얼굴이자 명함임을 명심하고 거짓 없되 성실하고 매력적인 입사지원서를 작성하는 법을 반드시 익혀두기 바란다.

2. 면접에서 반짝이는 진주 되기

입사지원서가 통과되었다면 그 다음 관문은 바로 면접. 대기업 공채 면접을 준비하는 구직자들은 면접 스터디를 하며 서로 정보를 공유하는데, 이때 나누는 정보의 범위는 대개 기업의 연혁과 비전, 성과 스토리 그리고 관련 산업 동향뿐만 아니라 최근 이슈가 되는 뉴스 등이다. 면접을 준비하면서 해당 기업에 대한 공부는 구직자의 기본적인 자세라고 볼 수 있다. 더 적극적으로는 실제 그 기업에서 운영하는 사업체를 방문하여 운영 현황을 조사하거나 지원하는 회사의 직원을 찾아가 생생한 조언을 구한다면 더할 나위 없는 베스트 면접 준비가 될 것이다. 실제 면접에서는 자신이 지원하는 기업과 직무에 대해 얼마나 열정이 있고 관심이 있는지를 어필해야 한다. 자신의 적극성과 간절함을 보여준다면 분명 반짝이는 진주가 될 수 있다.

3. 자기 자신을 적극적으로 세일링하라

취업을 잘하는 친구들을 보면 대개 자기주장이 굉장히 뚜렷하다. '나'에 대한 이해와 직업적 가치관이 확실하기에 자신을 어떻게 세일링하는지 잘 알고 있다. 이들은 잘 하지 못하는 것에 초점을 두지 않고 잘할 수 있는 것에 초점을 두어 이를 직무와 연결시킨다. 잘하지 못하는 영역 또한 개선시킬 자세가 충분히 갖춰져 있다. 그렇기에 다양한 경험에 대해 개방적인 구직자들이 면접에 더 유리한 경향도 있다. 혹시 어떤 물건을 적극적으로 팔아본 경험이 있는가? 자신을 세일링하기 위해서는 적극적인 영업력 또한 무시할 수 없다. '나 자신'을 어떻게 세일링할 것인가? 기업이 당신을 선택할 수밖에 없게 만드는 방법을 만들어두자.

4. 기업의 비전과 자신의 비전을 연결시켜라

기업의 비전은 곧 대표의 운영 마인드이다. 그 기업의 존재 이유이며 어떤 가치를 실현할 것인지에 대한 방향성이다. 따라서 기업의 비전과 자신의 비전을 연결시키는 작업은 굉장히 중요하다. 이는 기업의 비전에 맞추어 자신의 비전을 변화시키라는 말이 아니다. 먼저 자신의 비전을 정립하고 직업적 가치관의 기준들을 세우자. 그리고 기업의 비전과 공통되는 부분을 찾아내 어떻게 연결시킬 것인지에 정립하자. 사실 신입은 능력이 아니라 적극적인 태도나 올바른 인성으로 채용되는 경우가 90퍼센트이다. 인사담당자의 입장에서는 자사의 DNA를 갖추고 있는 직원을 원하므로 자기 안에 그런 DNA가 있음을 어필하는 것이야말로 굉장히 중요한 팁이다.

5. 자기만의 차별점을 만들어라

앞에 소개한 네 가지 요인은 적극적으로 취업을 준비하는 구직자들이라면 모두 준비하는 사항이므로 자기만의 마지막 정점을 찍는 것이 필요하다. 그것이 바로 자기만의 차별점을 만드는 것이다. 그 누구와도 경쟁에서 우위를 선점할 수 있는 자기만의 차별점이 무엇인가? 단순히 토익이나 스피킹 레벨 점수가 아니라 그 누구와도 대체될 수 없는 자기만의 특별한 차별점 말이다.

예를 들면 파워 블로거 운영이나 유튜버 활동 또는 책의 저자로 자신을 소개하는 것 따위이다. 객관적인 차별적 지표가 없다면 자신만의 차별적인 경험을 이야기하는 것도 좋다. 예를 들어 '1년 100권 도서 리뷰 프로젝트', '관련 직종 종사자 100명 인터뷰 프로젝트' 등과 같이 자신이 관심 있는 영역에 대해 평상시에 프로젝트화하여 활용한다면 스토리형 스펙으로 어필할 수 있다.

관심은 No!
인정은 Yes!

밀레니얼 세대는 '인정'을 인정한다

사회생활할 때 누군가의 '관심을 받고 싶다'고 생각하는 사람은 없다. 연차를 사용하는 이유를 묻는 상사나 주말에 뭘 했는지를 꼬치꼬치 캐묻는 상사는 피곤하다. 심지어 근무 외 시간에도 연락을 해서 업무 관련 지시를 내릴 땐 스마트폰의 폐해를 느끼기도 한다. 나만의 SNS 세상에서 어느 날 상사가 팔로우까지 신청하면 받아줄 수도, 안 받아줄 수도 없는 대략 난감한 상황이 펼쳐진다. '계정을 하나 더 만들어야 하나?' 고민할 만큼, 밀레니얼 사회 초년생에게 상사의 지나친 관심은 거부감만 들 뿐이다.

하지만 이들 세대도 상사, 동료, 후배에게 '인정받고 싶다'는 생각은 수시로 한다. 관심과 인정이라는 단어가 비슷해 보이지만 이는 엄연히 속성이 다르다. 사회생활에서 필수 영양소처럼 필요한 것은 바로 '인정과 칭찬'이다. 특히 밀레니얼 사회 초년생들은 어느 세대보다 인정받는 것을 좋아한다. 칭찬하면 고래도 춤춘다는 말이 있지 않은가? 칭찬해주면 나태해진다는 생각은 옛날 옛적 세대의 이야기이다. 이들은 칭찬하고 인정해줄수록 더 열심히 한다. 사실 '인정을 받는다'라는 의미는 인간적인 신뢰감과 더불어 업무적인 신뢰까지 더해졌을 때 이루어진다. 누군가로부터 인정받기 위해 삶을 살아서는 안 되지만 일에 대한 능력과 결과는 누군가로부터 인정을 받을 만큼 잘해야 하므로, 밀레니얼들은 인정을 갈망한다. 이번 장에서는 관심은 싫지만 인정은 받고 싶은 사회 초년생들을 위해 '인정받는 사회 초년생이 될 수 있는 비결'을 공개한다.

누구보다 빨리 자기 것으로 만드는 '시뮬레이션 기법'

나는 새로운 곳에서 일을 시작할 때마다 가장 먼저 하는 일이 있다. 바로 전임자의 일을 파악하는 것이다. 그것도 가능하다면 최대한 그 누구보다 빠르게. 돌이켜 생각해보면 아르바이트를 할 때부터 몸에 밴 이런 습관이 바로 나의 업무 적응력을 최대치로 끌어올려준 것이 아닌가 싶다.

카페처럼 정해진 레시피나 오픈할 때와 마감할 때의 업무가 잘 세분화되어 있는 곳은 내가 맡은 업무를 파악하기 훨씬 수월했다. 나는 업무가 적혀 있는 종이와 레시피를 핸드폰으로 찍어서 일하지 않는 날에도 수시로 보며 외웠다. 그리고 머릿속으로 시뮬레이션을 하면서 각 재료의 동선을 파악했다. 그래서 그런지 나는 모두 다른 레시피를 사용하는 네다섯 곳의 카페에서 일하면서도 일주일 만에 모든 레시피를 섭렵하곤 했다.

일 잘하는 것보다 중요한 것은 자신이 있는 환경에서 최적화된 일머리를 만드는 것이다. 일머리는 단순히 전달받은 업무를 그대로 실천한다고 해서 만들어지지 않는다. 이 일이 자신에게 주어진 의도와 이유를 먼저 생각해야 한다. 그리고 시작과 끝에 대한 모든 행동과 체크 항목이 머릿속에 그려져야 한다. 더 나아가서는 주도적으로 더 좋은 방안을 생각하고 고민하는 과정에서 효과적인 일머리가 생겨난다. 일머리가 있는 직원은 동료에게도 안정감을 준다. 함께 일하기 힘든 동료는 자신에게 일을 더해주는 사람, 일을 맡겨도 못 미더운 사람, 시키는 대로만 일하는 사람이다.

자기 업무를 퍼즐 판으로 만드는 '업무 체계화 능력'

누구보다 빠르게 자기 일을 자기 것으로 만들기 위해서는 맡은 업무에 대해 체계화를 시키는 작업이 필수적으로 필요하다. 이 작업은 큰 퍼즐의 뒤판을 만드는 작업과도 같다. 퍼즐 판이 있어야만 퍼즐 조각을 맞춰나갈 수 있다. 퍼즐 판이 없다면 퍼즐 조각을 모두 완성하는 데 아마 두 배, 세 배의 시간과 노력이 필요할 것이다. 이처럼 자기 업무를 퍼즐 판으로 만드는 작업을 완수하면 그 시스템 안에서 언제든지 퍼즐을 빠르게 맞춰나갈 수 있다. 이것이 바로 체계화된 시스템의 위력이다.

내가 휴학을 결정하고 헬스장에서 일을 시작할 때 일이다. 인수인계를 받기 위해 정식 출근일 하루 전에 헬스장에 나갔다. 그런데 전임자는 아무런 자료도 없이 그저 구두상으로 업무를 전달해주는 게 아닌가? 나는 그날 말로 전달받은 모든 업무 사항과 시간별로 체크해야 하는 항목별 업무를 바로 표로 정리했다. 그렇게 나는 그 헬스장에서 최초로 업무표를 만든 직원이 되었다.

출근 당일, 나는 나만의 업무표를 가져가 카운터에 붙여 놓았다. 일이 익숙해지기 전까지는 수시로 업무표를 보면서 빠진 게 없는지 확인했다. 그 결과 빠트리는 일 없이 모든 업무를 제 시간에 처리해낼 수 있었다. 내가 만든 업무표는 내 후임자에게 일을 전달할 때에도 훨씬 수월하게 인수인계를 하도록 도와주었다. 아르바이트니까 대충 일할 수 있다고? 천만에, 절대 아니다. 아무리 사소한 아르바이트일지라도 업무를 체계화시키는 사람이 인정받을 수 있다. 그리고 곧 그 능력이 자신에게 무수히 많은 기회를 가져다준다. 또 그 습관이 취업 이후에도 스스로를 인정받는 직원이 되도록 만든다.

마음을 열고 기회를 얻는 '관계 주도 능력'

혼자 일할 수 있는 곳은 세상에 어디에도 없다. 심지어 1인 기업가도 고객이 존재해야 가능하다. 다시 말해, 사회생활을 시작하면 당장 누군가와 함께 일을 해야 한다는 뜻이다. 그렇기 때문에 다음으로 중요한 것은 바로 함께 일하는 사람들의 마음을 열고 그들의 마음을 얻는 것이다. 특히 이 능력은 추후 자신에게 '새로운 기회'를 가져다주는 황금 열쇠가 되기도 한다. 국내 S 기업의 영업 관련 직무 면접에서 '이성을 한순간에 사로잡을 수 있는 나만의 무기나 매력이 무엇인지'에 대한 질문이 나왔던 것이 면접자에게 쉬어가기 코너처럼 편한 농담으로 건네진 것이 아니라는 말이다. '연애를 하는 사람'이 일을 잘한다는 말이 아니라 '상대의 마음을 잘 열고 그 마음을 얻어 낼 수 있느냐'가 일을 잘하는 평가지표가 된다는 사실을 기업 관계자들은 일찌감치 알았다. 그러면 관계를 주도하여 사람의 마음을 열면 어떤 기회가 펼쳐질까?

스카우트 제의를 받다

헬스장 다음으로 내가 일한 곳은 병원이었다. 앞 직종과는 너무나도 연관성 없는 곳이라 할 수 있었다. 내가 병원에서 일을 하게 된 계기도 남달랐다. 헬스장에 자주 운동하러 오는 언니와 친해졌는데, 그 언니는 춤에 관심이 많았다. 춤은 내 전문 분야였기에 나는 언니에게 춤을 무료로 가르쳐주며 허물없이 지냈다.

그러던 어느 날 언니가 갑자기 "거래처 병원에서 사람을 구하는데 일해보지 않을래?"라는 제안을 해왔다. 그동안 내가 일하는 모습을 유심히 지켜본 언니가 나를 그 병원에 꼭 추천하고 싶다고 했다. 사람을 통해 내게 새로운 기회가 주어진 순간이었다. 생소한 분야라 당황스러웠지만 동시에 새로운 분야라 궁금하기도 했다. 그렇게 며칠 고민한 뒤 제안을 받기로 결정했다. 수많은 이력서를 제치고 경력도 스펙도 없던 나는 당당히 치과에 취업하는 데성공했다. 그 뒤로도 나는 수많은 스카우트 제의를 받았다. 그 모두가 긍정적으로 형성된 관계를 통해서 이루어진 일이었다.

보너스를 받다

병원 분야의 지식이 전무했던 나는 행정부의 사무직원으로 면접을 보고 입사했다. 하지만 병원이 확장 개원을 하기 전까지 병원 내에 일손이 부족해 내가 간호조무사의 역할도 함께 맡아야 했다. 얼떨결에 진료실에 들어가게 되었다. 의사 선생님들은 내개연신 전문 용어를 쏟아내며 "엔도 준비해주세요", "발치 준비해주세요" 하며 듣도 보도 못한 주문을 넣는 게 아닌가? 그야말로 멘붕의 시작이었다. 그 이후로 3일이 지나자 그만둬야겠다는 생각까지 들었다.

하지만 혼자 결정을 내리지 않고 먼저 실장님들께 상담을 요청했다. 실장님들도 처음에는 똑같이 힘든 과정을 겪으셨다면서 충분히 공감해주시고 나의 어려움을 경청해주셨다. 일은 달라진 것이 없었지만 나의 고충을 알아주고 배려해주는 사람이 생겼다는 사실에 버틸 수 있는 힘이 생겼다. 그 이후 나는 밤낮으로 치과와 관련된 모든 전문 용어와 실무를 달달 외우기 시작했다. 치과 의료 기기에 활용되는 작은 부품들을 하나하나 손수 그림을 그려가며 외웠다. 그렇게 3일차로 그만두고 싶었던 일을 한 달을 채워 월급을 받았을 때의 감격은 이루 말할 수 없었다. 심지어 원장님께서는 나를 따로 원장실에 불러 '고생했다'는 의미로 보너스까지 챙겨주셨다.

마음을 얻다

첫 월급을 받은 다음 날 나는 바로 백화점으로 갔다. 보너스로 실장님의 스카프와 원장님의 겨울 털실내화를 샀고 감사 편지도 함께 준비했다. 고생했다는 마음을 받았으니 감사하다는 마음을 다시 전해드리고 싶었다. 큰 선물은 아니었지만 나는 그렇게 또다시 한 주가 시작되는 월요일 아침에 원장님과 실장님께 선물을 전해드렸다. 따뜻한 털실내화를 신고 나를 보며 윙크를 하시던

원장님의 미소는 내게 더욱 따뜻하게 느껴졌다.

그 이후로도 원장님은 꽃다발을 들고 나의 정기발표회 공연을 보러 와주셨고 언제나 따뜻한 미소와 진심 어린 조언을 많이 해주셨다. 원장님은 사회생활을 처음 시작하면서 그 당시에 만난 어른 중에 가장 어른답고 마음이 따뜻한 분으로 지금까지 남아 있다.

즐거운 에너지를 만드는 '긍정적 마인드와 유머'

고등학생 때까지 가장 싫어했던 말은 공부하려고 책상 앞에 앉는 순간 "공부해야지!"라고 말하는 엄마의 잔소리였다. 공부하려는 마음이 있었어도 엄마의 그 말을 듣는 순간 바람 빠진 풍선처럼 의욕이 사라지는 경험을 누구나 한 번쯤은 해보았을 것이다.

나는 대체 왜 그리 엄마의 말을 듣기 싫어했을까? 공부 안 하면 어차피 내 손해였는데도 말이다. 단 1분 전이라도 엄마가 말하기 전에 책상 앞에 앉아 있었더라면 어땠을까? 아마 엄마도 나도, 둘 다 만족한 결말을 맞지 않았을까 생각해본다.

그렇기 때문에 사람은 누군가가 시키기 전에 스스로 하고 싶어서 즐겁게 일을 할 수 있는 태도를 갖추는 것이 중요하다. 아무리 일을 잘한다고 하더라도 시키는 일만 잘하는 사람은 결국 인정받는 직원으로 평가되지 못한다. 인정받는 직원은 시키지 않아도 알아서 제 할 일을 척척 해내는 사람이다. 심지어 아주 즐겁게.

같은 일을 하더라도 이 사람과 같이 일하면 왠지 모르게 기분이 좋아지고 즐거워지는 사람이 있다. '일을 잘하는 사람'이 되는 것만큼 중요한 것이 바로 '일을 함께하고 싶은 사람'이 되는 것이다. 나는 그런 사람이 되고 싶다. '저 친구와 일하면 즐겁고 유쾌한데 성과까지 좋아'라는 인정을 받는 사람이고 싶다. 어찌 보면 욕심일 수 있다. 그런데 이왕이면 욕심을 부려보고 싶다. 내가 즐거워야 함께하는 사람도 즐겁고 그래야 일도 즐거워질 테니까. 누군가를 위해서가 아니라 나의 하루 여덟 시간이 조금이라도 더욱 즐거워지도록. 피할 수 없으면 즐기라는 말이 있다. 즐기다 보면 사회생활에서도 정말 즐거운 일들이 많이 생기지 않을까?

숫자와 친해지면 보이는 '성과 향상 능력'

사실 이 능력은 나를 '대체 불변한 직원'이 되도록 만들어주는 비결이다. 매출이나 성과지표를 올려주는 직원을 과연 누가 싫어하겠는가? 숫자는 영업직 직원에게만 있는 것이 아니다. 기업에서도 매달 달성해야 하는 목표가 존재하고 심지어 공무원도 매달 평가받는 숫자가 있다. 그리고 그 결과로 승진이 결정된다. 사실 난 영업직만 숫자에 의해 평가된다 생각했지 다른 분야도 그렇다고는 생각해보지 않았다. 그러나 사실은 달랐다. 정부지원금으로 운영되는 직업훈련 교육기관에서도 훈련생의 만족도와 취업률이라는 숫자가 기관의 중대한 성과지표가 되었다.

그 사실을 깨닫고 난 이후 나는 숫자를 부담스러워하지 말고 숫자와 친해져서 오히려 숫자에 강한 사람이 되어야겠다고 다짐했다. 무슨 일을 하든 숫자를 올릴 수 있는 사람이 결국 인정받게 되어 있다. 그리고 숫자와 친해져야 성과를 더욱 향상시킬 수 있는 방안들이 떠오를 때도 많다. 단순히 일매출, 월매출, 연매출을 기억하고 있는 것에서 끝나는 것이 아니다. 작년 대비 또는 전월 대비 숫자의 변화가 있는지, 그 변화의 의미는 무엇을 내포하고 있는지도 파악해야 한다. 그리고 그에 대한 개선 방안도 제시할 수 있어야 한다. 가능하다면 회계나 재무재표 공부를 하는 것도 좋다. '내가 사장도 아닌데, 내 회사가 아닌데 내가 왜 매출을 신경써야 해? 난 월급만 받으면 그만이지'라고 생각한다면 그런 직원은 결국 또 다른 사람으로 쉽사리 대체되기 마련이다. 대체 불변의 법칙은 조직의 성과와 매출 향상에 비례한다.

그리고 그렇게 성과를 만들어내는 사람이 추후 자기 사업을 하더라도 성공시킬 수 있는 확률이 높다. 회사에서도 성과를 못 내는데 퇴사 후 치킨 집을 차린들 치킨을 몇 마리나 팔 수 있단 말인가? 숫자와 친해지는 만큼 세상이 달라 보인다. 승진이 되고 연봉이 달라지고 자기 사업을 시작할 수도 있고 재산을 불릴 수도 있다. 앞으로 숫자와 친한 사람과 그렇지 않은 사람의 차이는 그들 삶의 모습에서 점점 더 극명하게 벌어지게 될 것이다.

연봉을 올리기 전에
시급을 올려야 한다

연봉을 올리기 전에 시급부터 올려라

사람들은 매년 코딱지만큼 오르지 연봉을 보면서 한숨을 내쉰다. 이 월급으로 학자금은 어느 세월에 갚고 결혼 준비는 어떻게 해야 한단 말인가? 앞이 깜깜하다. 주변에서도 다들 연봉이 너무 적게 오른다고 아우성이다. 오죽하면 "내 월급 빼고 다 오른다"는 말이 생겨났을까? 시간이 지나면 호봉제로 저절로 연봉이 올라가는 공무원이 아니면서도 사람들은 시간이 지나면 연봉도 스스로 올라주기를 꿈꾸며 산다. 그러나 매년 물가상승률에도 못 미치게 임금을 올리는 기업주만큼이나 시간에 따라 자연스럽게 연봉이 올라야 한다고 주장하는 직장인도 내 시각에는 그리 좋아 보이지 않는다.

'왜 회사에서는 원하는 만큼 연봉을 올려주지 않을까?'

'왜 월급 외에 다른 추가 수입을 만들 생각은 하지 않을까?'

'연봉은 회사가 정하는 것인가, 내가 정하는 것인가?'

이 같은 물음에 대한 해답이 내 안에서 아직 내려지지 않았기 때문이다.

회사는 철저히 이익 중심의 집단이다. 그래야만 회사가 존속할 수 있기 때문이다. 그래서 회사는 자사에 도움이 되고 매출에 영향력을 주는 사람에게는 대우를 잘해준다. 어찌 보면 너무나도 당연한 일이다. 회사에서 자신이 원하는 만큼 연봉 협상을 잘하는 사람들은 실제 일을 잘하는 사람들일 뿐 아니라 자신이 1년간 회사에 기여한 바를 스스로가 잘 아는 사람들이다. 그리고 회사도 그 사람이 기여한 바를 매우 정확히 파악하고 있다. 필요한 사람이면 회사는 임금을 더 주고서라도 결국 붙잡게 되어 있다. 당신이 회사를 붙잡고 있느냐 회사가 당신을 붙잡고 있느냐 하는 점이 바로 회사가 연봉을 정하는지 당신이 연봉을 정하는지의 기준이 된다.

연봉 협상이라는 단어가 굉장히 먼 단어처럼 들린다면 시급 협상이라고 생각하자. 같은 시간에 같은 일을 하고서도 남들보다 더 많은 시급을 받을 수 있는 무엇인가가 당신에게 있는가? 연봉을 올리기 전에 시급을 올릴 줄 알아야 나중에 연봉도 당신이 원하는 만큼 올릴 수 있다. 터무니없게 무작정 높게 부르라는 것이 아니라 철저하게 당신이 기여한 바에 대한 합당한 보상을 말하라는 것이다. 그것이 연봉 협상, 시급 협상의 가장 중요한 기본이다.

나는 아르바이트를 할 때 총 여덟 번의 정규직 제의를 받았고 취업을 하고 난 이후에는 2년간 세 번의 스카우트 제의를 받았다. 누군가에게는 이런 제안이 인생에서 단 한 번도 주어지지 않는다. 그러나 누군가에게는 이런 제안이 수없이 주어진다. 당신이 지금 아르바이트를 하고 있다면 가장 먼저 시급을 올려보고, 직장을 다니고 있다면 원하는 만큼 연봉을 올려보자. 월급의 주도권을 회사에 건네지 말자. 당신 월급의 주도권은 당신 자신에게 있다.

시급을 올리는 비결

자, 그렇다면 연봉을 올리기 전에 시급을 어떻게 올려야 할까? 일반적으로 최저임금보다 시급이 센 곳은 이유가 있다. 시급이 세야 직원이 구해지는 노동 강도, 혹은 잠도 못 자고 일을 해야 하는 야간수당이 붙거나 외모를 많이 보는 서비스업종에서도 시급을 최저임금보다 높게 준다. 그렇다면 노동 강도가 심하지도 않고 야간수당이 붙지도 않고 외모가 준수하지 않아도 남들보다 시급을 많이 받고 싶다면?

결국 답은 하나이다. 어느 조직에서든지 그곳에 꼭 필요한 존재가 되면 된다. 만약 당신이 매출에 영향을 끼치는 사람이라면 그 조직의 리더는 당신을 절대 놓치려 하지 않을 것이다. 내가 시급을 올렸던 비결 다섯 가지를 소개하겠다.

- 누구보다 빠르게 담당 업무를 익힌다.
- 내 편(나의 단골손님들)을 많이 만든다.
- 내가 근무하는 시간(또는 기간)의 매출을 상승시킨다.
- 다른 직원들과 차별화된 나만의 강점을 부각시킨다.
- 의사결정자 혹은 사장님과의 관계를 우호적으로 유지한다.

결국 이런 비결은 자신이 '선제공'하고 '후보상'을 요구하는 형태의 시급 협상이다. 자신이 먼저 '나의 가치'를 보여주는 것이다. 자기 에너지와 노력으로 보여주는 것이다. 그리고 그것에 대한 보상을 요구하는 것이다. 모두가 인정할 결과라면 사장도 흔쾌히 받아들여줄 것이다. 그러므로 애초부터 '협상이 안 될 직원'이 아니라 '될 만한 직원'으로 사회생활을 하는 것이 중요하다. '이 협상을 받아주지 않는다면 이 직원이 떠날 수도 있다'라는 위기감을 사장이 느끼도록 하는 것이다. 어떤 사장이든지 자신에게 이익이 되는 사람은 무조건 잡게 되어 있다. 아무리 인성이 좋고 착한 직원도 자신에게 이익이 되지 않으면 붙잡지 않는다. 하지만 예의는 조금 없어도 일 잘하고 결과가 좋은 직원은 한 번은 더 붙잡는다. 심지어 인성과 실력이 모두 좋다면야? 따라서 실력과 인성을 두루 갖춘 최고의 직원이 되어야 한다. 그것이 바로 어느 조직에서든지 가장 빠르게 성공할 수 있는 비법이다.

머나먼 이야기 같고 자신과는 상관없는 이야기 같겠지만 억대 연봉을 받고 승진 잘하는 사람들은 모두 다 이유가 있는 법이다. 자신이 지금 어떤 태도로 자신이 속한 곳에서 일하고 있는지, 어떤 생각을 갖고 있는지 돌아보자. 될성부른 나무는 떡잎부터 다르다고 했다. 지금 아르바이트를 하고 있는 자신의 모습이 떡잎이라면 10년 뒤, 20년 뒤에는 어떤 나무가 되어 있을지 상상해보자. 당신의 나무는 당신의 떡잎으로 결정된다. 즉, 당신의 연봉 협상 능력은 당신의 지금 현재 시급 협상 능력으로 결정된다.

아르바이트로
취업하는 방법

1인 2역으로 뛰었던 선거운동의 추억

헬스장, 병원, 영어 학원, 수학 학원, 카페, 레스토랑, 국회의원 선거 비서관 등 나는 연관성이 없는 다양한 업종에서 아르바이트를 했다. 헬스장에서는 상담실장 또는 스피닝 또는 케이팝 댄스 강사 활동 제의를 받았다. 병원에서는 병원의 모든 살림을 담당하는 행정비서로 와달라는 제의를 받았고 가족들의 평생 치과 치료를 약속받았다. 영어 학원 또는 수학 학원에서는 시간을 늘려 정규직 선생님으로 일해달라는 제의를 받았고, 카페와 레스토랑에서는 매니저 제안을 받았다. 그리고 마지막 아르바이트이자 가장 기억에 남는 일은 바로 국회의원 선거 비서관이었다.

동생과 카페를 운영할 때의 일이다. 어느 날부터 자주 오는 단골손님이 계셨다. 나는 오실 때마다 친절하게 주문을 받고 커피를 내드리며 가끔은 서비스로 다과를 드리기도 했다. 어느 날 그 손님이 다가오시더니 이제 곧 국회의원 선거 활동이 시작되는데 같이 일해보지 않겠냐는 제안을 해주셨다. 관심이 있으면 사무실로 와달라고 하시고는 명함을 주고 가셨다. 어리둥절하던 찰나에 궁금하기도 했고 카페 운영도 녹록지 않았던 터라 나는 명함에 적힌 장소로 찾아갔다.

그곳은 바로 선거사무실이었다. 단골손님이었던 그분은 제20대 국회의원 선거에 출마하는 정OO 후보자님의 사모님을 수행해달라고 부탁하셨다. '땡볕에서 열심히 인사하고 춤추는 선거 활동인도 아니고 사모님의 비서관을 해달라니!……' 순간 나는 재밌을 것 같다는 생각에 해보겠다고 답했다. 그렇게 나는 사모님의 운전기사이자 비서관이 되었다. 매일 아침부터 저녁까지 운전을 하며 도심 곳곳을 누볐고 많은 곳을 돌아다니며 "기호 O번, 정OO!"를 외쳤다.

그러던 어느 날 선거 활동을 위해 모인 아줌마 부대들을 만났다. 선거 활동을 위해 어떤 곡을 리메이크할지 어떻게 가사를 만들고 어떻게 안무를 짜야 할지 고민하고 계셨다. '아, 이거 내 전문 분야인데!' 나는 내 특유의 오지랖과 친화력으로 선거 활동원 아주머

니들과 친해졌고 도움을 드리기로 했다. 곡에 맞는 안무를 따서 가르쳐드렸고 어려운 안무는 외우기 쉽도록 변형시켜드렸다.

그리고 나의 비장한 아이디어로 깃발 부대를 만들었다. 태극기와 후보자를 나타내는 번호가 새겨진 깃발을 들고 단체 군무를 지휘하기로 한 것이다. 그렇게 나는 사모님 비서관 역할을 하면서 동시에 선거유세 군무를 지휘하는 선거팀장의 역할도 하게 되었다. 1인 2역을 하게 되자 몸이 더 바빠졌다. 사모님 옆에서 명함을 돌리다가도 안무팀이 오면 함께 가서 춤을 추거나 깃발 부대를 지휘했다. 그 모든 상황이 어찌나 재밌던지 어느새 나는 선거활동이 아니라 내가 맡은 일을 열정적으로 즐기고 있었다. 그리고 그 모습에 많은 분들이 내게 극찬을 아끼지 않으셨다.

"요즘 젊은이들 중에 이런 친구가 없는데 대단하구먼!"

"여기 사모님 비서관이 그렇게 훌륭하다고 다른 후보자들이 엄청 부러워해요."

내 모습을 좋게 보신 후보자님, 사모님, 선거 사무장님 등 많은 분들이 점점 더 내게 우호적으로 대해주시기 시작했다. 그렇게 나는 두 달간 좋은 분들과 좋은 추억을 만들 수 있었다. 결국 정OO 후보자님은 낙선하셨지만 연고도 없는 도시에서 늦게 선거 활동을 시작했음에도 23.4퍼센트의 득표율을 얻어낸 것은 놀라운 결과라고 말씀하셨다. 물론 정OO 후보자님이 당선되었다면 나는 지금 여의도에서 일하고 있었을 것이다. 하지만 그렇지 않더라도 나는 최선을 다했고 내가 맡은 일들을 누구보다 즐겼기에 아쉬움은 없다. 그리고 그 당시 아줌마 부대와 함께한 순간들은 지금도 즐거운 추억으로 남아 있다.

선거가 끝난 뒤 나는 다시 카페 일상으로 돌아왔다. 단골손님이셨던 선생님은 다시 카페를 찾아주셨고 이제 곧 카페를 떠나 취업을 준비할 것이라는 내 이야기를 들으시고는 또 다른 일자리를 제안해주셨다. 너무 감사했지만 나는 정중히 거절했다. 이제 나는 스스로 내가 하고 싶은 일을 찾기로 마음먹었기 때문이다. 이것이 바로 나의 마지막 아르바이트 스토리이다.

나만의 특별한 성공 스토리 만들기

나에게는 아르바이트 하나하나마다 '나만의 특별한 성공 스토리'가 있다. 모든 아르바이트에서 나는 평균 이상의 시급이나 정규직 일자리를 제안받았다. 모두 여덟 번의 정규직 제안이었다. 그리고 나는 그 제안들을 모두 정중히 거절하고 지금 내가 원하는 길을 선택해서 걷고 있다. 그리고 지금 여기까지 왔다.

아르바이트일지라도 자신이 어떻게 일하느냐에 따라서 취업의 성패도 가름된다. 벌써 몇 년째 청년들은 일자리가 없다고 아우성들인데, 사실 일자리는 언제나 넘치고 넘친다. 그저 자신이 그 조직과 그 직무에 최적화된 사람이 아니거나 그만큼 어필을 하지 못했기에 취업이 안 될 뿐이다.

취업이 안 되는 이유로 사회를 탓하거나 남을 탓해서는 안 된다. 이제는 아르바이트를 통해 '이 세상에서 취업이 제일 쉬웠어요'라고 말할 수 있는 '취잘러(취업 잘하는 사람)'로 거듭나야 한다. 아르바이트를 통해 자기만의 특별한 경험, 자기만의 스토리를 만들면 취업도 그만큼 쉬워질 수 있다.

그런 면에서 온라인 채용 포털 서비스 업체인 인쿠르트 이광석 대표의 다음과 같은 말은 취업을 준비하는 밀레니얼들이 귀담아 들어야 할 좋은 충고라고 생각한다.

> "신입 구직자의 경우 역량을 평가할 수 있는 요소가 많지 않기 때문에 아르바이트와 같은 작은 사회 경험도 눈여겨보는 것이 인사담당자들의 특징입니다. 어떤 일을 했는지도 중요하지만, 왜 그 일을 선택했고 무엇을 얻었는지에 대해 직무와 부합되는 구체적인 스토리가 필요하죠."
>
> – 인쿠르트 이광석 대표

자사 아르바이트생을 우대하는 대기업

아르바이트를 취업으로 연결하는 비결은 '나만의 특별한 스토리를 만드는 것' 외에도 자신이 '가고 싶은 회사와 관련된 계열사에서 일 경험을 쌓는 것'이다. 알고 보면 아르바이트를 통한 정규직 입사 사례가 의외로 많다. 특히 서비스, 유통 부문에서는 아르바이트 경력이 실무와 직접적으로 연관되는 경우가 많아 몇몇 기업은 적극적으로 자사 아르바이트 경력자를 채용하기도 한다. 취업 포털 인크루트가 주요 기업 인사담당자 221명을 대상으로 조사한 결과에 따르면 구직자의 아르바이트 경험이 채용 시 중요한 경력 사항으로 고려되는 것으로 나타났다(84.4퍼센트가 '신입 구직자의 아르바이트 경험을 중요 경력 사항으로 생각한다'고 답했다).

그렇기 때문에 아르바이트를 구하기 전에 계열사 기업과 업종을 한 번 더 고민할 필요가 있다. 졸업 후 지원할 기업이 미리 정해져 있다면 관련 계열사 아르바이트 경험을 쌓는 것도 스펙이 될 수 있다.

취업 시장에서 점점 더 많은 기업들이 신입 사원 모집 시 학력과 전공, 어학 성적에 제한을 두지 않고 있다. 이는 무(無)스펙인 구직자들에게 정말 기쁜 소식이 될 것이다. 특히 아르바이트를 통해 바로 정규직 직원으로 취업하는 길도 있다. 대표적인 기업들을 아래에 소개하겠다("알바로 취업문 뚫기, 기업은 이런 알바생을 원한다", 〈한국경제매거진〉 연재기사 참조).

CJ그룹 – CGV

CJ그룹 계열사로 국내 최대 멀티플렉스 체인 중 하나인 CGV도 신입 사원 채용에 아르바이트 경력을 중요한 지표로 삼고 있다. CGV 정규직 신입 사원의 직급은 슈퍼바이저부터 시작되어 매니저, 점장 등으로 승급하게 되는데, 점장이 아르바이트생을 인턴 슈퍼바이저로 추천하면 6개월간의 업무 평가와 내부 채용 프로세스를 통해 슈퍼바이저(정규직)로 채용된다. CGV에서는 아르바이트생을 '미소지기'라고 칭하는데 미소(Smile)+지기(Friend)의 합성어로 항상 밝은 미소로 고객에게 다가가는 친구 같은 존재를 의미한다. 미소지기의 대표적인 업무는 티켓 발권과 각종 스낵 판매, 상영관 관리이며 제공되는 복지 혜택으로는 전국 CGV 무료 관람, 매점 메뉴 할인, 4대 보험, 정직원 채용 기회, 심야 교통비, 1년 만근 시 퇴직금 등이 있다. 한 해 선발하는 신입 사원 중 미소지기 경력이 없는 이는 거의 없다는 것이 인사담당자의 귀띔이다.

▶ CGV 채용정보: http://corp.cgv.co.kr/Company/recruit/step/default.aspx
▶ CJ그룹 채용정보: http://recruit.cj.net/recruit/ko/recruit/recruit/list.fo

GS그룹 – GS리테일

고객 감동을 통한 쇼핑 문화의 새 패러다임을 창출하고 대한민국 유통 시장의 리더로 성장한 GS리테일은 GS25편의점 근무를 경력 우대 사항에 포함시킨다. 담당 직무도 GS25 편의점과 GS슈퍼마켓의 영업 관리 및 매장 관리 그리고 가맹 점주 상담과 교육이 주된 직무이기 때문에 동종 업계 경력이 도움이 될 수밖에 없다. 경력이 오래된 지원자는 그렇지 않은 지원자보다 상대적으로 1차 서류 통과가 수월하다고 한다. 또한 자신이 근무한 편의점뿐만 아니라 여러 군데의 편의점을 조사하고 주요 고객층과 운영 상황을 분석해낸다면 면접에서 가산점을 받을 수도 있다. 그러므로 이 직무에 해당하는 필요 역량은 영업 및 판매 기획력, 데이터 활용 능력, 가맹 점주의 협력을 이끌어낼 수 있는 커뮤니케이션 능력 등이 있다. GS리테일의 복리후생으로는 경조사, 자녀학자금, 휴양시설 이용, 건강진단 의료비, 어린이집, 스포츠 티켓 지원 등이 있다.

▶ GS리테일 채용정보: https://www.gsretail.com/gsretail/ko/corporation/recruit/employment/recruit-info
▶ GS그룹 채용정보: http://www.gs.co.kr/ko/branch-career

중앙그룹 – 보광휘닉스파크

겨울 스포츠 마니아라면 주목해야 할 기업이 바로 보광휘닉스파크이다. 휘닉스파크는 우리나라의 글로벌 콘텐츠, 엔터테인먼트 그룹인 중앙그룹(중앙그룹은 중앙일보, JTBC, 메가박스, 휘닉스파크 등의 계열사를 가지고 있다)의 사계절 종합 리조트로서 유명한 리조트 중의 하나이다. 사시사철 리조트를 운영하지만 특히 겨울 스키 시즌은 가장 많은 아르바이트 인원을 채용하는 시기이다. 스키장 매표소 직원이

나 안전요원을 비롯해 슬로프 관리, 각종 이벤트 진행 요원 등 다양한 분야에서 아르바이트 수요가 폭발하기 때문이다. 휘닉스파크는 휴양 리조트라는 특성상 대학교 관광, 조리 등의 학과에서 산학협력 관계를 맺고 전공자들을 아르바이트로 채용하는 경우가 많다. 이들이 아르바이트 업무를 마치고 학교 졸업 후 정규직 채용에 지원했을 경우 가산점을 주는 것이 제도화되어 있기 때문이다. 특히 관련 있는 아르바이트 경험이 서류 전형이나 면접 과정에서 가장 플러스 요인이 된다고 회사 관계자는 전한다.

▶ 휘닉스파크 채용정보: http://recruit.joongang.co.kr/recruitNotice/RecruitNotice.do
▶ 중앙그룹 채용정보: http://recruit.joongang.co.kr/html/main.html

유니클로
일본계 기업인 유니클로는 세계적인 SPA 패션 브랜드이다. 나이, 학력, 성별 등에 관계없이 공정한 기회를 부여하고 실력에 따라 평가하는 '완전 실력주의', 직원 모두가 자신이 경영자라는 자세로 업무에 임하는 '전원 경영', 전 세계 진출국의 업무 지식과 노하우를 공유해 가장 좋은 방법을 모색, 적용하는 '글로벌 원'의 이 세 원칙은 넓은 시야의 비즈니스 감각을 지닌 인재로 성장할 수 있도록 지원한다는 유니클로의 인재 육성 방침을 나타낸다.
정규직 직원의 채용 전형은 서류 접수, 인적성 검사, 온라인 면접, 인성 면접, 'Fitting U' 실습 및 최종 면접 등 총 여섯 단계로 진행된다. 하지만 계약직 직원인 매장 스태프에게는 1년에 두 번(3월, 9월) 승격 테스트를 통해 더 큰 기회를 제공하는 독특한 인사제도가 있다. 스태프로 채용되면 승격제도를 통해 점장까지 이를 수 있다. 유니클로에 대한 자세한 채용 정보는 아래의 링크에서 확인할 수 있다.

▶ 채용정보: https://www.fastretailing.com/employment/ko/
▶ 채용문의: recruit@uniqlo.co.kr

한국 맥도날드
1986년에 설립되어 벌써 32년차 중견기업이 된 한국 맥도날드는 차별 없는 '열린 채용' 정책을 고수하고 있다. 현재 한국 맥도날드 본사에서 근무하고 있는 전체 직원 중 50퍼센트가 매장에서 크루 생활부터 시작했으며 매장 매니저급 이상의 전체 정규직원 중 70퍼센트 이상이 매장 크루 출신이다. 한국 맥도날드 대표이사인 션 뉴턴(Sean Newton)도 1985년 열여섯 살의 나이에 오스트레일리아에서 크루로 일을 시작해 내부 승진한 케이스이며, 글로벌 CEO 여덟 명 가운데 여섯 명이 크루 출신일 정도로 맥도날드에서 아르바이트가 차지하는 비중은 절대적이다. 한 명의 아르바이트생을 임원으로까지 성장시키는 맥도날드의 인재 육성 시스템을 경험하고 싶다면, 당장 맥도날드 아르바이트에 지원해보기를 추천한다.

▶ 채용정보: www.mcalba.co.kr

아웃백 스테이크하우스
아웃백 스테이크하우스(이하 아웃백)는 1997년 처음 한국에 소개될 때부터 시급제 직원제도를 시행했다. 현재는 탄력적인 급여제도의 운영으로 시급제와 연봉제를 혼용 도입하여 운영하고 있으며 파트타임, 풀타임, 주말근무 등 다양한 형태의 스케줄 조정이 용이하다. 아웃백에 근무하려면 홈페이지를 통해 원하는 매장에 입사 지원을 해야 하며, 면접은 해당 매장에서 인원이 필요할 때 치르게 된다. 면접 때는 적성 검사지를 작성해야 하며, 검사지는 이후 미국 본사에서 검토한 뒤 기준 점수 이상을 받은 자에 한해 근무가 가능하다. 아웃백의 연간 채용 규모는 서버, 호스트(안내), KEY, 트레이너 등의 다양한 포지션을 합하여 총 7,500명 수준인데, 시급제 직원도 퇴직금, 연차, 4대 보험, 경조금 등의 복지 혜택을 받을 수 있다. 또한 시급 사원으로 일정 기간 일하면 월급 사원으로 진급할 수 있는 테스트 기회가 주어진다. 마찬가지로 월급 사원에서 매니저로 진급하기 위해서도 테스트를 거쳐야 하는데 일반적으로 한 해 100명 정도가 월급 사원에서 매니저로 진급한다. 진급 과정에서는 매니저나 점주의 평가와 추천이 절대적인 영향을 미치는데 학력과 성별에 대한 차별 없이 개개인의 능력에 따라 승진의 기회가 주어진다.

▶ 채용정보: https://www.outback.co.kr

아르바이트 계약직 직원이 정규직으로 전환된 앞의 기업들 사례를 통해 여러분은 아르바이트도 충분히 스펙이 될 수 있음을 깨달았을 것이다. 꼭 공채가 아니더라도, 아르바이트로 일하며 해당 분야나 관심 있는 부문에 수시 채용 공고가 났을 때 가장 먼저 소식을 접하고 지원할 수 있다는 것도 아르바이트만의 특권이다. 하지만 단순히 경험만 있다고 해서 모든 신입 사원 채용에 유리한 것은 아니다. 그 당시 함께 손발을 맞추었던 담당 직원과 조직에서의 평판도 매우 중요하다는 것을 명심하도록 하자. 아르바이트했을 때의 점장 혹은 동료가 이미 정직원이 되어 있다면 그의 말 한마디가 여러분의 당락을 결정지을 수도 있다. 그러므로 무(無)스펙으로 취업을 해야 한다면, 아르바이트 경험을 스펙으로 만드는 역량을 발휘하고 자신만의 풍성한 스토리를 짜서 도전하기를 적극 추천한다.

창업도
생존전략이다

족발집 서빙 아르바이트생, 족발집 사장이 되다

《세상을 서빙하다》를 쓴 이효찬 저자는 '스타 서빙'으로 유명하다. 그는 〈세바시〉 373회에 출연하여 자신의 인생 스토리를 15분이라는 짧은 시간 동안 짧고 굵게 들려주었다. 그의 영상을 보면서 나는 '뭘 해도 되는 사람이 바로 이런 사람이겠구나!'라는 생각을 했다. 그는 부모님이 모두 지체장애인이다. 그런 환경 탓에 그는 열 살이 되었을 때부터 스스로를 지켜내야 했다. 어린 나이에 인생의 책임감을 깨달았고, 고등학교를 졸업하자마자 각종 아르바이트를 시작했다.

그는 족발집에서 일할 때 손님들에게 유쾌하게 서빙하는 직원으로 유명했다. 손님에게 물 한 잔 가져다드릴 때도 "여기 제주도에서 온 시원한 암반수 한 잔 대령하겠습니다~"라고 너스레를 떨며 손님들이 입가에 미소를 짓게 만들었다. 그뿐만 아니라 만취한 손님이 바닥에 저질러놓은 토사물을 보고 다들 손사래를 칠 때도 "이거 누가 좀 치울래?"라는 매니저의 말에 "네! 제가 하겠습니다! 제가 꼭 경험하고 싶은 일입니다!"라고 대답하며 먼저 나섰다. 다들 얼굴을 찌푸리며 싫어하는 일들을 웃으면서 솔선수범하는 자세를 보였던 것이다.

이렇게 어딜 가도 눈에 띄는 멘트와 행동력 때문에 그는 주변 직원들로부터 시샘을 받기도 했고, 주방 이모님들에게도 왜 저렇게 나대고 유별나게 구냐며 지적받기도 했다. 하지만 그는 굴하지 않고 본인만의 '특별한 방법'으로 서빙을 꾸준히 이어갔다. 그리고 이모님들이 자신에게 짜증을 내거나 화를 내면 달력에 표시해서 이모님들의 생리주기까지 모두 파악하는 놀라운 세심함을 보였다. 그래서 그 시기가 되면 알아서 이모님들이 무거운 짐을 들지 못하도록 더 많이 배려하고 도와주었다.

도대체 이런 생각은 어떻게 나올 수 있는 것인지, 그의 생각과 태도는 정말 이 세상 그 누구와도 대체될 수 없는 직원으로 인정받을 수밖에 없었던 듯하다. 그렇게 그는 사장님으로부터 많은 혜택을 받는 직원으로 성장해갔고 대기업의 러브콜까지 받는 주인공이 되었다. 하지만 그는 그 많은 것을 거절하고 지금 스타 족발집 사장님으로서 자신의 매장을 경영하는 데 집중하고 있다. 족발집 서빙이라는 아르바이트로 시작해 족발집을 창업한 이효찬 씨야말로 아르바이트로 창업까지 성공한 대표적인 인물이라고 할 수 있다.

이효찬 대표는 청년들에게 말한다.

"지금 당신이 있는 그 자리에서 하는 사소한 일들을 어떻게 특별하게 바꿀 수 있는지를 끊임없이 고민하고 생각하고 행동하라."

– 이효찬 대표

대학생(청년) 창업 지원제도를 적극 활용하라!

미타임 카페의 사장이었던 내 동생은 스물세 살에 카페 사장님이 되더니 스물여덟 살인 지금은 또 다른 회사의 CEO가 되었다. 3년간의 힘들었던 카페 운영을 결국 접을 수밖에 없었을 때 동생은 그야말로 낭떠러지 끝에 서 있는 것처럼 보였다. '세상이 끝난 것 같다. 나는 실패했다'는 생각에 동생은 잠도 못 자고 괴로워했다. 우리 가족은 한걸음에 동생에게 달려갔다. 그러고는 함께 울고 서로를 위로하며 같이 이겨내자고 용기를 북돋아주었다. 다시 일어날 수 있도록 힘을 실어주었다. 동생은 곧 복학을 결심하고 학교로 돌아갔다.

그런데 그에게 황금 같은 기회가 주어졌다. 3년 만에 돌아간 대학교에서 창업 지원제도를 적극적으로 운영하고 있었고, 그는 카페를 운영했던 경험을 최대한 살려내서 카페에서 사용할 수 있는 제품을 개발하는 창업동아리 PNP(People and People)를 만들었다. 그리고 창업진흥원에서 주관하고 한국산업기술대학교에서 주최하는 '창업선도대학 창업아이템사업화 정부지원사업'에 도전하게 되었다. 정부지원금 최고 금액은 무려 1억 원이다. 전국적으로 창업을 준비하고 있거나 창업한 지 얼마 되지 않은 스타트업 기업 또는 대기업의 부서까지 총 100팀 정도가 이 사업에 지원했다. 그리고 이 중 총 20팀이 선발되었다. 그중에 PNP가 당당하게 최종 선발대에 당선되었다. 놀라운 것은 최종 20팀 중에 단 세 팀만이 대학교 창업동아리팀이었다는 사실! 최종 당선된 대학생 세 팀 중에서도 두 팀이 한국산업기술대학교 출신이었다.

현 정부에서 가장 적극적으로 지원하는 제도 중의 하나가 바로 대학생 창업 지원제도이다. 취업이 어려워지는 만큼 창업에 대한 수요와 관심이 늘어나면서 대학교 내에서는 창업에 관한 다양한 교육과 지원 프로그램을 활성화하고 있으며 각 시/도에서도 창업지원센터 또는 여성창업지원센터들이 많이 생겨나고 있다. 조금만 관심을 가지면 이런 제도를 충분히 활용하여 사업을 시작할 수 있다. 각 시/도별로 지원되는 분야는 다를 수 있지만 예비 및 초기 창업자(창업 1년 미만)로 39세 미만의 청년들에게 지원되는 혜택들이 많이 있다.

그뿐만 아니라 전국 다섯 곳에서 운영되는 청년창업사관학교(안산, 광주, 경산, 창원, 천안)에서는 청년 창업을 적극적으로 지원하고 있는데 총사업비의 70퍼센트 개발자금을 지원하며 창업 공간과 교육을 제공할 뿐만 아니라 전담교수를 통한 일대일 코칭을 받으면서 사업 계획 및 제품 개발에 도움을 받을 수 있다. 또한 창업에서 반드시 필요한 지식들(창업 법규, CEO 역량, 경영 계획, 노무 인사, 디자인, R&D, 금형, 생산, 지식재산권, 인증, 마케팅, 무역, 투융자, 계약 실무, 법률 등)을 배울 수 있으니 창업에 관심 있는 청년이라면 활용해보는 것도 좋다. 대구, 경기, 대전에서 진행되는 신사업창업사관학교도 비슷한 목적으로 설립된 청년창업학교인데 지역마다 창업학교 또는 창업지원센터의 내용이 상이하니 각 시/도마다 마련된 창업 관련 기관 홈페이지에서 자세한 내용을 확인해보기 바란다.

이러한 제도의 활용은 정보력 그리고 실행력의 싸움이다. 이 정보를 알고 미리 준비한 청년이라면 국가지원금을 받고 창업에 성공할 수 있는 기회를 잡을 수 있다. 요즘엔 젊은 사장님이 운영하는 스타트업 기업들이 점점 더 많아지는 추세인 만큼 당신이 창업에 관심이 있는 청년이라면 이 부분을 반드시 활용해보기 바란다.

· PART 3 ·

사회생활은
처음이지만
'만렙'이다

3초, 일주일, 한 달
계획을 세운다

3초: 첫인상은 밝은 인사로 만들어진다

일반적으로 처음 입사를 하면 인사하는 자리를 갖는다. 대중적으로 한 번에 할 수도 있고 개별적으로 돌아다니면서 소개를 시켜줄 수도 있는데 이때 당신의 첫인상 그리고 인사말이 당신의 첫 이미지를 결정하게 된다. 짧게나마 인사말을 준비하는 센스를 갖고 밝은 미소로 직장생활을 시작한다면 당신의 이미지 또한 긍정적으로 자리 잡게 될 것이다.

마찬가지로, 많은 고객을 응대해야 하는 직무라면 많은 사람들을 대할 때 밝은 표정으로 응대하는 것이 매우 중요하다. 웃는 얼굴이 어색하다면 매일 거울을 보면서 연습하자. 우리는 단 한 번도 기분 좋게 웃는 법, 밝게 인사하는 법을 제대로 배워보지 못했다. 그저 어른을 보면 인사를 해야 한다는 것을 덕목으로만 듣고 자라왔다. 그래서 그런지 생각보다 많은 사람들이 웃는 얼굴을 연습해야 된다는 것을 생소하게 여기기도 한다. 그러나 웃는 것만으로도 상대를 기분 좋게 만드는 것은 자기만의 강점이자 능력이 될 수 있다.

유치원에서 근무하는 박 선생님은 지금까지 내가 만난 사람 중에서 웃는 모습이 가장 예쁜 사람이다. 3초 만에 기분 좋아지는 밝은 미소와 인상을 갖고 있으며 그저 그분을 보고 있는 것만으로도 내 입가에 미소가 지어질 정도이다. 박 선생님에게 이런 인상은 직무에서도 큰 강점이 된다. 친근하고 편안한 인상 덕분에 아이들이 잘 따를뿐더러 학부모들을 대할 때도 좋은 느낌을 전달하기가 좀 더 수월하기 때문이다.

이처럼 인상을 본인의 강점으로 만들어 업무에 활용하는 사람이 있는가 하면 반대로 인상이 어떻든 전혀 신경을 쓰지 않는 사람도 있다. 그러나 일할 때 능률 면에서나 대인관계 면에서 이 두 사람의 차이는 매우 크게 나타난다. 좋은 인상은 상대방에게 좋은 에너지로 전달되기 때문이다. 동료들 사이에서든 고객이나 거래처와의 사이에서든 3초 안에 결정되는 자신의 첫인상을 강점으로 활용해보자.

일주일: 당신의 성품과 스타일이 나타난다

직장에서 '나'라는 사람의 성품과 스타일을 알릴 수 있는 최적의 시기는 바로 입사 후 일주일이다. 아무리 가면을 쓰고 조심을 한다 해도, 일주일 정도면 자신이 어떤 사람이고 어떤 유형의 인물인지가 남들 눈에 띄기 시작한다. 그리고 첫 일주일을 어떻게 보내느냐에 따라 앞으로 당신의 직장생활 전반에서 이 사람은 '~한 사람이다'라는 꼬리표가 결정 나게 된다.

나는 "누구누구 말인데 ~라고 하던데", "누가 그러는데 그 사람 ~했대" 하는 식의 말을 전하는 사람들을 무척 경계한다. 본인이 겪어보지도 않았으면서 사람에 대한 편견을 심어주는 사람은 도무지 가까이 하고 싶지 않다. 사람의 평가란 '매우 주관적이어서' 누군가에게는 이상해 보이는 사람도 또 다른 누군가에게는 좋은 사람이 될 수 있다. 대인관계라는 것은 자신이 상대방을 직접 만나보거나 경험해보지 않고는 모르는 일이다.

하지만 회사에 입사했다면 기존 동료들이 '뉴 페이스'에 관심을 쏟는 것은 당연한 법. 그러니 당신을 '~한 사람'으로 정의하는 직장 동료들을 비난하지 말고 그냥 당신에 대한 관심이라고 여기고 긍정적으로 받아들이자. 그리고 그 기간 내에 충분히 당신의 강점과 좋은 면들을 부각시키도록 노력해보자.

입사 일주일, 긍정적인 인식을 심어주는 실천 요령

01 출근 시간보다 일찍 나와 하루를 시작하자.
02 자기 자리와 사무실을 정리 정돈하자.
03 사소한 일, 허드렛일에 먼저 나서서 도움을 주자.
04 직장 상사 및 동료들에게 관심을 갖고 그들의 다양한 정보들을 파악하자.
05 업무 관련 지식과 기술을 빠르게 습득하기 위해 적극적인 태도를 갖자.

한 달: 당신의 업무 적응력이 보인다

좋은 인상과 긍정적인 인식 만들기에 성공했다면 다음으로 신경 써야 할 것이 바로 업무 적응력이다. 아무리 사람이 좋다 할지라도 능력이 없으면 어느 조직에서도 오래 함께할 수 없다. 요즘 대부분의 중소기업들은 '경력 같은 신입'을 원한다. 경력직의 연봉은 줄 수 없어도 경력직만큼의 실력은 필요하기 때문이다. 이것은 명백히, 사장님들의 욕심이다. 경력직처럼 일하기 바란다면 경력직의 대우를 해주는 것이 마땅하다. 하지만 당신이 처음부터 경력 같은 신입처럼 일할 수는 없을지라도 3년 경력자의 실력과 노하우를 1년 만에 배우는 신입이 될 수는 있다. 자신의 업무 적응력과 노력에 따라서 누군가의 1년 실력을 누군가는 6개월 만에 마스터할 수도 있다. 그러므로 당신이 어느 조직에서든지 업무 적응력을 최대한으로 끌어올릴 수 있는 노하우를 쌓는 것은 필수이다.

나에겐 다양한 아르바이트를 하면서 습득한 나만의 업무 적응 노하우와 스킬이 있다. 따라서 나는 어느 분야, 어느 조직에서 일하든 이때 습득한 방법을 적용해 누구보다 빠르게 업무에 적응할 수 있었다. 인수인계를 해주는 전임자가 없을 때에도 2주 만에 모든 업무를 파악하고 숙달했을 정도로 내 습득 스킬은 효과가 좋다.

당신도 마찬가지로 많은 아르바이트 경험과 인턴 생활 경험 덕분에 다양한 업무를 접해보았을 것이다. 그리고 그때 습득한 당신만의 노하우가 있을 것이다. 그것을 활용해서 직무적으로 어떻게 적용할 수 있을지 고민해보자.

업무 적응력을 향상시켜주는 다섯 가지 노하우

01 회사와 관련된 사이트와 인트라넷 자료들을 모두 숙지하자.
02 기존에 만들어진 서류를 꼼꼼히 파악하여 전임자의 업무를 파악하자.
03 기존에 만들어진 서류가 없다면 자신만의 업무표를 만들자.
04 업무 플래너를 활용하여 매일 아침 그날의 일정과 해야 할 일을 기록하자.
05 주간 업무 일지를 기록하여 업무 시간을 최대한 효율적으로 사용하자.
06 탁상 달력을 활용하여 월별 반복되는 일정을 체크해두자.

'일잘러'는 하루 시작의
10분이 다르다

하루의 시작 10분이 일의 능률을 좌우한다

첫 한 달 업무 적응력을 잘 키워냈다면 이제 어느 조직에서든
지 에이스로 인정받을 수 있는 비법이 필요하다. 나의 10년 사회
생활(아르바이트 포함)을 통해 검증된 비법들을 여기에 공개한다.
물론 나의 경험이 여러분에게도 똑같은 결과를 낳을 것이라고 장
담할 수는 없다. 그러나 분명 성장하고 싶고 인정받고 싶은 사회
초년생에게는 분명히 도움이 되는 방법일 것이다.

```
★ Today's Schedule                          2019.00.00

[업무 1]                      [업무 2]

✔ 10:00 ——              ✔ 11:30 ——
✔ 11:00 ——                15:00 ——
  18:00 ——                17:00 ——


[분야 1]  ✔ 1. _____  ★
         ✔ 2. _____  ★
           3. _____


[분야 2]  ✔ 1. _____
         ✔ 2. _____
           3. _____


[분야 3]  ✔ 1. _____  ★
         ✔ 2. _____
           3. _____
```

출근해서 내가 가장 먼저 하는 일은 오늘의 일정을 체크하는 일이다. 위 그림은 내 업무 플래너를 옮긴 것이다. 상단에는 시간 순으로 오늘의 일정을 적고 그 시간에 업무를 체크하여 담당자에게 전달한다. 하단에는 오늘 해야 할 일들의 목록을 적는다. 분야별로 빠짐없이 해야 할 일을 적어두고 우선순위의 일은 빨간색 볼펜으로 별 표시를 하기도 한다.

이와 같이 업무 플래너를 사용하면 시간 순으로 일어나는 하루의 사내 일정을 한눈에 파악할 수 있고, 더불어 내가 해야 되는 오늘의 업무 사항을 잊어버릴 일이 없다. 게다가 며칠 전에 내가 어떤 업무를 했는지까지 확인할 수 있어 일석이조의 효과가 있다. 이 업무 플래너야말로 나의 업무 능률을 한층 높여주는 귀중한 습관이다. 3P바인더나 하루 관리 플래너도 일상을 관리하는 데 편리한 도구로 활용할 수 있다. 다양한 플래너 중에서 나에게 잘 맞는 것을 골라 일상에서도 업무에서도 활용하면 그 효과를 충분히 느낄 수 있을 것이다.

보통 플래너는 여성들만의 취미로 여겨졌지만 성공한 사람들 대부분은 성별에 상관없이 모두 자신만의 플래너를 사용하고 있다. 이처럼 하루의 시작 10분이 하루의 능률을 올려줄뿐더러 6시 '칼퇴'를 위한 유용한 도구가 된다면 사용할 만하지 않을까? 하루에 주어진 여덟 시간의 업무를 남들과 다르게 효율적으로 사용할 수 있다면 두 손 들어 환영할 일이다. 게다가 전체적인 업무 능률을 올려 손쉽게 사내에서 에이스 자리로 올려줄 수 있다면 지금 당장 시작하지 않을 이유가 없다. 에이스가 되는 길은 귀찮고 험난하다. 그래도 인생을 위해 그 귀찮음을 감수해보면 어떨까.

디테일의 힘이 당신을 특급 일잘러로 만든다

사회 초년생으로서 당신이 맡은 업무의 중요성이 그다지 크게 보이지 않아도 디테일의 힘은 동일하게 적용된다. 업무 플래너를 활용하는 이유도 하루의 업무 시간을 효과적으로 사용할 뿐만 아니라 자신이 해야 할 일들을 놓치지 않기 위해서이다. 사회 초년생들은 대개 중요한 일보다는 반복적이고 단순해 보이는 일을 많이 담당한다. 하지만 이 일도 자신이 얼마나 디테일하게 하느냐에 따라 업무 능력이 평가된다. 대부분의 신입 사원들이 겪는 괴리감이 바로 이것일 수도 있다.

'아니, 나는 좋은 학교를 나왔고 이 회사에 입사하기 위해 토익, 스피킹, 중국어 등 많은 스펙을 쌓았어. 해외 연수까지 다녀왔는데 고작 지금 자료 복사 같은 단순한 일만 하고 있네. 내가 하고 싶은 일은 기획이나 디렉터 같은 역할이었는데 현실은 내가 너무 찌질해 보이잖아.'

현재 당신이 이런 생각을 하고 있다면 크나큰 착각임을 명심해야 한다.

아무리 좋은 스펙을 쌓았더라도 당신은 이제 겨우(?) 사회 초년생에 불과하다. 사회생활을 10년, 15년, 20년, 30년 가까이 한 상사의 눈으로 볼 때 당신은 그저 할 수 있는 것이 그다지 없는 신입 직원일 뿐이다. '취업을 했으니 이제 나도 사회에 헌신할 수 있고 나를 증명해낼 수 있는 일을 해내야지!' 하는 커다란 포부를 갖고 있을지 모르겠지만 사실 입사 후 3년까지는 업무에 맞는 지식과 기술들을 배워야 하는 시기이다. 자존감을 갖는 것도 중요하지만 자기 자신의 능력치를 모르는 교만함은 결국 독이 된다.

나는 많은 사회 초년생들이 '중요하고 좋아 보이는 일'을 하고 싶어서 취업을 했다가 자신이 원하는 일이 아니라는 이유로 한두 달 만에 퇴사하는 모습을 안타까운 심정으로 많이 봐왔다. 분명히 말씀드리지만, 초년생에게 중요한 일을 맡기는 회사는 없다. 명심하자. 만약 그런 회사가 있다면 그 회사는 부실한 게 아닌지 살펴볼 필요가 있다. 결국 오래가지 못해 문을 닫고 말 테니까. 지금 당신이 보기에 좋아 보이고 멋있어 보이는 일을 하는 사람들도 처음에는 바닥부터 시작했다. 별것 아닌 것 같은 작은 일부터 시작해서 그곳까지 올라간 사람들이다.

'중요한 일을 맡은 사람은 운이 좋은 것'이 아니다. '중요한 일을 맡길 정도로 실력이 증명되었기' 때문에 그 일을 하고 있는 것이다. 일의 중요도는 아무렇게나 주어지지 않는다. 크고 작음을 떠나서 자신이 맡은 일을 어떻게 해야 더 잘할 수 있을까를 고민하는 사람에게 결국 중요한 일이 맡겨진다. 따라서 언제든지 작은 일을 더 잘하는 방법을 늘 고민해야 한다. 그러다 보면 자기 앞에 생각지도 못한 기회들이 펼쳐질 수 있다. 유능한 '일잘러'가 되고 싶다면 아무리 작고 사소해 보이는 일이라도 최선을 다하자. 작은 일도 완벽하게 해내는 디테일한 힘이 당신을 특급 일잘러로 만들어줄 것이다.

남다른 센스도
능력이다

눈치? 아니, 다른 말로 센스!

"저 친구 참 센서티브해"라는 말을 들어본 적이 있는가? 혹은
센서티브한 누군가를 보면서 자신도 저런 모습을 닮고 싶다는 생
각을 한 적이 있는가? 일반적으로 사람들은 '무딘 사람'보다는 '센
서티브한 사람'이기를 원한다. 도대체 '센서티브(Sensitive)'한 사람
은 어떤 사람일까? 먼저 사전적인 의미에서 '센서티브'의 대표적
인 세 가지 의미를 파악해보고 급여체에서 사용되는 센서티브의
의미를 비교해보자(급식을 먹는 청소년들이 사용하는 언어가 '급식체'라면
월급을 받으며 일하는 직장인들이 사용하는 언어는 '급여체'라고 할 수 있다).

[사전적 의미]
01 (남의 기분을 헤아리는 데) 세심한
02 (예술적으로) 감성 있는
03 (사람이) 예민한 (그래서 상처를 잘 받는)

[급여체에서의 의미]
01 필요한 상황과 필요한 사람에게 최적의 말과 행동을 하는 것
02 시야가 넓고 그에 따른 자신의 역할에 민감하게 반응하는 것
03 상대의 감정에 깊이 있게 이해하고 배려하는 것

어떤가? 당신도 센서티브한 사람이 되고 싶지 않은가? 나는 신입 사원이 들어와서 가장 먼저 키워야 할 능력이 '센스'라고 생각한다. 센스를 다른 말로 표현하면 '눈치'이다. 하지만 왠지 '눈치'라고 지칭하면 소극적인 이미지가 연상되어 그런지 부정적인 느낌이 강하다. 그러므로 나는 적극적인 이미지가 연상되는 '센스'를 선배와 상사에게 사랑받는 신입 사원의 비결이라고 말하고 싶다. 그렇다면 센서티브한 인재가 되기 위해서는 도대체 어떻게 해야 할까?

첫 번째 비결은 최적화된 멘트이다. 한국인은 표현하는 데 익숙한 민족이 아니다. 웬만해서는 속내를 드러내지 않고 사는 것을 미덕으로 여기며 자랐다. 하지만 사회생활을 하다 보면 때와 상황과 사람에 따라 '표현하면 더 좋은 순간들'을 마주하게 된다.

프로젝트를 같이 진행한 팀원과 상사에게 전하는 수고와 감사의 말, 업무 능력이 뛰어난 직원을 인정하는 칭찬과 격려의 말, 부족한 직원에게 보내는 피드백, 우울해 보이는 동료에게 건네는 위로의 한마디 등과 같은 멘트 말이다. 이런 '좋은 말'들은 '나를 알아봐주는 누군가가 있다는 감동'으로 상대에게 전달된다.

하지만 이것을 가식적으로 활용하면 사람들로부터 '딸랑이', '아첨꾼이'라는 말을 들을 각오를 해야 한다. 자신의 멘트가 가식으로 보이지 않기 위해서는 평소에 언행을 신중히 하고 마음이 전해지도록 노력해야 한다. 진심이 없는 멘트는 결국 거짓으로 드러날 뿐이다.

두 번째 비결은 반응 속도이다. 누군가가 도움을 필요로 하는 것이 무엇인지 알아채서 건네주는 세심함, 혹은 전화벨이 울릴 때 누구보다 빠르게 받는 속도, 손님이 방문했을 때 마중 나가는 속도 등 빠른 반응 속도를 보이는 사람을 보면 사람들은 대개 센서티브하다고 느낀다.

실제로 나는 점심시간에 무언가를 찾고 있는 직원을 보자마자 그녀에게 젓가락이 필요하다는 것을 알아채곤 곧바로 비품함에 있는 젓가락을 꺼내 건네주었던 적이 있다. 그녀는 자신에게 젓가락이 필요한 줄 어떻게 알았냐며 놀라서 내게 물었다. 그 질문에 나는 그저 웃음으로 답했다. 그녀의 행동을 보고 그녀에게 필요한 것의 위치를 기억해내 건네주기까지 단 10초도 걸리지 않았다. 누군가가 자신의 마음을 읽은 듯한 행동을 해줄 때 사람들은 그 사람에게 당연히 호감을 느낀다. 넓은 시야를 갖고 그에 맞는 자신의 역할과 행동에 신속하게 반응하도록 하자.

세 번째 비결은 공감 능력이다. 센서티브한 사람은 감성이 풍부하고 세심한데, 이런 능력은 바로 공감 능력을 발휘할 때 증명된다. 상대의 입장에서 얼마나 같은 마음으로 공감하느냐에 따라서 상대에게 전달되는 당신 마음의 크기와 무게는 어마어마하게 달라진다.

실제 취업 컨설팅을 진행할 때 나는 학생들과 상담을 진행하면서 그들의 입장에서 그들의 스토리에 최대한 공감하며 컨설팅을 진행했다. 그로 인해 자소설이 아니라 진심이 담긴 자소서를 작성하도록 도울 수 있었다. 또 교육회사에 이직해서는 다양한 교육 프로그램에 대한 상담을 진행하면서 현재 수강생이 느끼는 심정과 환경들에 대해 깊이 있게 공감하고자 노력했다. 그 결과 수강생이 스스로 불안감을 떨쳐내고 기대감을 갖고 교육에 참여할 수 있었다며 고마운 마음을 전해오기도 했다.

누군가를 설득시키기보다 그저 그들의 입장에서 공감하게 되면 그들은 오히려 스스로 움직이게 된다. 공감 능력은 역지사지의 태도에서 시작된다. '내가 만약 상대방의 입장이었더라면?'이라는 끊임없는 질문을 넌져보자.

마지막 비결은 칭찬 능력이다. 우리는 칭찬에 인색하게 살아온 탓(?)에 누군가를 칭찬하는 일에도 인색한 편이다. 그러나 칭찬은 고래도 춤추게 한다는 말이 있듯이, 칭찬은 사람의 마음을 열고 기분을 좋게 해주는 마법의 묘약이다. 칭찬을 듣고 기분 나빠 하거나 화를 내는 사람은 없으니 말이다.

칭찬 잘하는 법

그러나 칭찬에도 기준과 원칙이 있다. 칭찬을 잘하는 것도 능력이다. 칭찬을 잘하는 비법 세 가지를 소개한다.

첫째, 상대의 내적인 요소를 칭찬하되 외적인 요소는 구체적으로 칭찬하자. 외모는 칭찬의 기준이 되지 않는다. 잘생기거나 예쁘다고 생각하는 것은 어디까지나 주관적인 판단이므로 사람들의 기준에서 예쁘다고 받아들여지는 사람도 정작 자신의 외모에 콤플렉스를 느끼는 부분이 분명히 존재한다. 그런데 만약 그 콤플렉스를 누군가가 칭찬한다면 얼마나 기분이 나쁘겠는가? 따라서 단순히 외적인 모습을 칭찬하는 것은 매우 조심스러운 일이며, 그 칭찬도 한순간에 지나지 않는다. 기억에 남지도 않을뿐더러 잘못하면 상대를 기분 나쁘게 만들 수도 있다.

그러니 가장 좋은 것은 외적인 요소가 아닌 내적인 요소를 칭찬하는 것이다. 예를 들면 "○○ 씨의 긍정적인 밝은 에너지는 주위를 환하게 밝히는 것 같아요", "언제나 가볍지 않고 차분한 목소리가 편안함을 주네요"와 같이 상대의 성품, 태도, 가치관, 개성, 특성 등과 같은 것을 칭찬하는 것이 좋다.

하지만 이 같은 내적 요소는 사람을 겪어봐야만 파악할 수 있는 부분이라 지금 당장 떠오르는 것이 없다면 칭찬하기 어려울 수 있다. 그러므로 당신이 오늘 처음 만난 사람에게 칭찬 한마디를 꼭 건네고 싶다면 "오늘 바른 분홍 립스틱이 정말 잘 어울리시네요"라든지 "베레모 모자를 이렇게 잘 소화하시다니 역시 스타일이 멋지세요"처럼 지나가는 인사치레가 아닌 아주 구체적이고 명확한 칭찬을 건네도록 하자.

둘째, 상대의 재력을 칭찬하지 말고 베푸는 삶을 칭찬하자. 당신의 주변에 금수저 혹은 재벌이 있는가? 자신이 이루었든 부모가 이루었든 로또에 당첨되었든 상관없이 상대의 재력은 칭찬의 소재가 될 수 없다. 그 사람의 재력이 도대체 당신 인생과 어떠한 관계가 있다고? 아무에게도 영향력이 없는 재력은 그저 자기 자신의 욕심만 채우고 끝나버리는 결론을 맞이한다.

《나를 바꿀 자유》(프레너미, 2019)를 쓴 김민기 저자는 부자를 '기회를 주는 사람'으로 표현했다. 다른 이에게 나누지 않는 부자는 단순히 재물이 많은 사람에 불과하다. 얼마 전 8100억이라는 어마어마한 전 재산을 기부한 홍콩 스타 저우룬파(주윤발)처럼 재력이 자신만을 위한 것이 아니라 다른 사람에게 베풀어질 때 비로소 그의 재력은 칭찬할 수 있는 주제로 전환된다. 그 사람의 삶의 태도로서 상대의 삶 그 자체를 칭찬해주기 바란다. 그리고 베푸는 삶이 칭찬받을 수 있는 그런 부자가 되자.

셋째, 상대의 학벌을 칭찬하지 말고 배움에 대한 열의를 칭찬하자. 국내, 해외를 막론하고 우리는 이력서상의 한 줄만으로 좋은 학교를 나온 사람들을 대단하다며 추켜세우곤 한다. 하지만 아무리 좋은 학교 출신이라 할지라도 사회에서 일을 잘한다는 보장은 없다. 그들의 사교성과 대인관계가 평균 이상이라고 장담할 수도 없고 어느 조직에서든지 최고의 성과를 낼 것이라고 예상할 수도 없다. 사회조직에서는 학벌이 아닌 꾸준히 열의를 갖고 배워 성장해가는 사람이 결국 인정받는 것이 당연한 이치이다. 그러므로 일과 사람과 자신에 대한 배움을 끊임없이 실천하고 있는지에 대해 칭찬하도록 하자. 학벌로 끝나는 배움은 결국 성장이 없는 사람으로 만들 뿐이다. 꾸준히 배우고 성장하는 것이 결국 당신의 가장 큰 스펙이 된다.

"사람을 얻는 자가 세상을 얻는다"라는 말이 있듯이 '칭찬하기'는 사람의 마음을 얻는 가장 쉬운 방법이자 세상을 얻는 지름길이다. 당신이 어느 조직에 있든지 무슨 일을 하든지 칭찬하는 습관을 가졌다면 반드시 '끝까지 함께하고 싶은 사람, 같이 있으면 기분 좋아지는 사람'이 될 것이다.

점심시간은 관계를
주도할 타이밍이다

동료의 취미와 관심사를 파악하자

20대 중후반에 취업을 하고 두 번의 이직을 거쳐 지금의 회사를 만났다. 지금까지 총 세 번의 직장을 만난 셈이다. 나는 새로운 사람을 만나면 가장 먼저 하는 일이 있다. 동료들의 취미와 관심사를 파악하는 것이다. 주말에는 보통 무엇을 하면서 시간을 보내는지, 퇴근을 하면 무엇을 하는지, 가족이랑 살고 있는지 혹은 혼자 자취를 하고 있는지 등등 그들의 'TMI(Too Much Information)' 들을 끊임없이 캐묻는다.

그렇게 알아낸 TMI 정보를 통해 나는 그들의 취미나 관심사가 나와 중복되는 분야가 있는지 파악한다. 비슷한 부분이 있으면 너무나도 신이 나서 그에 관련된 다양한 이야기를 이어간다. 사람은 누구나 공통점이 있는 사람에게 호감을 느낀다. 자신이 좋아하는 분야에 대해 누군가가 함께 공감한다는 사실만으로도 굉장히 친근함을 느끼기 때문이다. 이처럼 넓은 대인관계의 비결은 별다른 게 없다. 취미나 관심사를 다양하고 폭넓게 갖는 것이다. 그래서 그런지 나도 틈만 나면 다양하고 색다른 경험을 하는 것을 좋아한다. 경험의 폭이 넓어지는 만큼 관계 맺는 사람들도 자연스레 넓어지기 때문이다.

현재 별다른 취미나 관심사가 없다면 한번 만들어보자. 그리고 독창적인 분야도 좋지만 대중적인 분야도 한 가지 정도는 함께 시도해보자. 예를 들어 '서핑'이라는 자기만의 특별한 취미를 가지면서도 서핑하러 가는 곳의 '맛집 투어'를 함께하고 그런 경험을 블로그에 공유하는 것이다. 나는 나만의 특별한 취미로 댄스와 블로거 활동을 꼽는다. 전문 공연팀에 속해 댄스 공연을 다녔던 과거의 경험과 사진 찍고 글 쓰는 것을 좋아해서 즐기며 하는 블로그 활동이 내게는 특별한 취미이자 오락이다. 실제로 블로그를 통하여 많은 경험을 했고 최고 월 130만 원의 간접 수익을 얻기도 했다.

취미나 관심사가 많으면 많을수록 사람들과 친해질 수 있는 도구가 많아진다. 당장 내일부터 동료들의 취미나 관심사를 물어보자. 그리고 기억력이 좋지 않다면 스마트폰이나 메모장에 기록

해보자. 그들에 대한 TMI 정보가 언젠가 빛을 발할 수 있는 날이
반드시 올 것이다.

자신의 경험과 지식을 공유하자

비슷한 취미나 관심사가 없다면 서로의 경험과 지식을 공유하
는 것도 굉장히 유익한 대화법이 된다. 아주 단순하게는 "주말 어
떻게 보내셨어요?"라고 묻는 질문 하나로 시작될 수도 있고 자신
이 관심 있는 분야를 구체적으로 들면서 직접 물어볼 수도 있다.

"저는 박물관 관람을 굉장히 좋아하는데, 혹시 해외 박물관에
가본 적 있으세요?"

이 질문을 시작으로 대화의 물꼬가 트일 수 있고, 또 비슷한
관심사가 무엇인지 알아볼 수도 있다.

사람은 누구나 본인이 경험한 일들을 가장 잘 알고 있고 그 경
험을 통해 느끼고 깨달은 것들에 대해 이야기하기를 좋아한다.
이야기하는 상대가 대화하기 싫을 정도로 싫지 않다면 말이다.
그러니 상대가 당신을 거부하지 않는다면 그들의 입을 열어줄 수
있는 다양한 질문을 던져보자. 그들로 하여금 자신의 경험이나
지식들을 뽐낼 수 있는 기회를 당신의 질문으로 열어주는 것이
다. 그리고 적극적으로 공감하고 경청하면서 반응해준다면 그 대
화 시간이 무척 즐겁게 느껴질 것이다.

반대로 자신이 먼저 경험한 것이나 지식들을 전달해주는 방법
도 좋다. "제가 주말에 ○○를 다녀왔는데 분위기가 정말 좋고 가
성비 갑이더라고요! 데이트할 때 꼭 가보세요!", "어제 ○○○ 영
화를 봤는데 마지막 장면이 정말 충격이었어요. 스포일러는 하
지 않을 테니 꼭 한번 보세요! 진짜 소름 돋아요!", "어제 TV를 보
는데 임시 보호소에 들어오는 유기견이 1년에 7만 마리나 된다고
하더라고요. 키우지 못할 거면 애초에 분양을 받지 말지 사람들
이 너무하지 않아요?"…… 이렇게 먼저 이야기 주제를 꺼내보자.
상대가 알고 싶어 하지 않는 주제일지라도 먼저 대화 주제를 만
드는 것이다. 게다가 그 대화를 당신이 주도한다면 사회생활하는
데에도 좋은 경험이 되어줄 것이다.

순간 포착! 오늘의 이슈 세 가지

취미와 관심사도 모두 파악했고 경험과 지식에 대한 공유 거
리가 없다면 마지막으로 오늘의 이슈 세 가지를 대화 주제로 만들
어 써먹자. 나는 매일 아침 KBS 뉴스로 하루를 시작한다. KBS 뉴
스가 끝나면 MBC로 넘어가 뉴스 투데이를 보고 그다음으로 SBS
모닝와이드를 시청한다. 아침에 출근 준비를 하면서 7~8시 사이
에 방영되는 방송 3사의 뉴스 프로그램을 모두 챙겨본다.

처음에는 뉴스를 듣는 습관을 갖는 것이 좋다는 생각에 시작

했다. 하지만 오늘의 이슈를 파악하면 동료들과의 대화가 풍성해진다는 장점을 발견했다. 특히 모닝와이드가 전해주는 소송 사건과 관련한 법적 지식들은 굉장히 유익하며 동료들과도 공유하기 좋은 소재가 된다. 대화 거리를 준비하는 사람이 결국 '토크 리더'가 된다는 점을 잊지 말자.

토크 리더가 되는 방법은 크게 노력이 필요하지도, 시간을 투자해야 하는 일도 아니다. 조금만 노력하면 누구나 토크 리더가 될 수 있다. 아침에 세수하고 화장하고 옷 갈아입고…… 평소처럼 출근 준비를 하면서 그저 TV를 틀어놓기만 하면 된다. 그러다 인상 깊은 장면이나 주제가 나오면 화면을 캡쳐해놓는다. 캡쳐할 시간이 없다면 메모지에 짤막하게 적거나 그마저도 귀찮다면 머릿속에 기억해두면 된다. 당신이 관계를 주도할 수 있는 노하우는 생각보다 복잡하거나 어렵지 않다.

직장은 일터, 배움터, 놀이터다

일터: 보람, 성과는 직업적 가치관으로 만들어진다

직장은 일터, 배움터, 놀이터이다. 직장에서는 배울 것이 많으니 배움터라고 할 수도 있겠다. 그런데 놀이터라니? 직장이 놀러 가는 곳도 아닌데 무슨 말이란 말인가? 그러나 당신이 지금 다니는 회사에서 큰 존재감을 드러내고 싶다면 일터, 배움터, 놀이터로 만들 수 있는 노력을 펼쳐야 한다. 결국 당신의 존재감이 그 조직에서 당신의 중요성을 결정 짓기 때문이다.

직장은 자신이 위치한 직무에 대한 노동을 제공하고 그에 대한 마땅한 보상을 받는 곳이다. 주 5일 40시간 근무를 하는 정규직이든 주 2~3일 출근하는 계약직이든 대부분의 직장인들은 보상을 위해(월급을 위해) 일한다. 그러나 급여만을 바라보고 일하는 마인드는 자신을 더욱 성장하도록 이끌어주지 못한다. 월급보다 더 중요한 것이 바로 일에 대한 보람과 자기 능력에 대한 평가이다. 그러므로 반드시 다음 두 가지 질문을 해봐야 한다.

'나는 이 일을 통하여 어떻게 내가 원하는 직업적 가치를 실현하고 있는가?'

'나는 이 일을 통하여 어떻게 나의 능력을 성장시키고 있는가?'

이에 대한 해답을 찾지 못한다면 대기업이라고 할지라도 1~2년 만에 퇴사하고 당신은 다시 취업 준비생으로 돌아갈 것이다. 그러므로 무엇보다 우선되어야 할 것은 자신의 직업적 가치관을 세우는 것이다.

'나의 직업적 가치관은 무엇인가?'

'내가 회사를 선택하는 기준은 무엇인가?'

'내가 이곳에서 일하는 이유는 무엇인가?'

[직업적 가치관 활용하기]
01 자신의 직업적 가치관을 실현시킬 수 있다면 혹은 그와 같은 변화 가능성이 있다면 회사와 자신의 직업적 성장을 함께 이룰 수 있는 방안들을 만들어간다.
02 자신의 직업적 가치관에 대한 일치도가 낮고 회사 내의 변화 가능성 또한 없다면 자신의 경력을 최대한 끌어올려 이직을 준비하자.

배움터: 사람을 통해 배우는 사람이 현명하다

두 번째로 직장은 배움터이다. 직장이 학교도 아닌데 도대체 직장에서 배울 수 있는 것은 무엇일까? 가장 단순하게는 당신은 직무에 따른 일의 내용과 일의 체계를 배울 수 있다. 대부분의 기업에서는 신입 사원을 채용하면 첫 한 달 정도는 신입 교육에 힘을 쏟는다. 회사의 스토리와 대표 및 직원들에 대해 소개할 것이며 당신이 맡게 되는 직무에 대한 교육도 진행할 것이다. 어쩌면 독서를 의무적으로 하며 독후감을 제출하라는 교육도 있을 수 있고(직원의 성장을 위해 독후감을 제출하면 인센티브를 주는 회사도 있다) 간혹 주말에 연수를 받고 오라는 제안을 할 수도 있다(물론 대체 휴무를 지원해주면서 말이다).

만약 당신이 신입으로 입사했는데 교육이 심하게 없다면 기업 운영을 주먹구구식으로 하고 있을 수도 있으니 당신의 성장에 도움이 되는 곳인지 다시 생각해볼 필요가 있다. 또 교육이 너무 많아도 당신의 에너지를 갉아먹을 수 있으니 이에 대한 균형을 잡는 것이 중요하겠다. 무엇보다 일을 배우면서 당신이 중요하게 여겨야 할 것은 일에 대한 내용보다 일에 대한 체계, 즉 일머리를 잡는 것이다. 아무리 방대한 양의 정보를 공부한다 할지라도 실제로 써먹을 수 없다면 모두 무용지물이다. 당신의 직무에서 꼭 필요한 정보들을 구조화하고 체계화하여 직무에 사용할 수 있도록 일머리를 잡기 바란다. 일에 대한 체계를 누가 빨리 잡느냐에 따라서 당신의 업무 적응력이 결정된다.

실제로 나는 취업 컨설팅 직무를 맡았던 2017년 한 해 동안 열두 개의 교육을 수료했으며 2018년에는 한 개의 국가공인자격증과 다섯 개의 민간자격증을 취득했다. 이런 업무에 관련된 다양한 배움들은 나를 한 층 더 성장시키는 데 큰 도움이 되었다.

직장은 또한 인생과 사람을 배우는 곳이다. 직장은 많은 사람들과 함께 협업하는 곳이다. 그들의 성격과 스타일은 굉장히 다양하고 개성이 넘칠 것이다. 그리고 그들이 지금까지 25~50년 동안 살아낸 인생 스토리 또한 너무나도 다양할 것이다. 당신은 직장에서 많은 사람들을 만나면서 다양한 사람들과 함께 소통하는 법, 생각을 공유하는 법, 다름을 틀림으로 이해하지 않고 다름을 존중하는 법 등을 배우게 될 것이다. 그리고 그들의 삶에서 겪어낸 많은 지혜와 경험들을 간접 경험하게 될 것이다. 사람은 누구나 강점이 있으면 약점이 있고, 장점이 있으면 단점이 있다. 모든 사람들에게서 강점과 장점들만 골라서 배울 수 있다면 당신은 그 어떤 학교에서 배운 것보다 더 많은 것들은 배우게 될 것이다.

놀이터: 행사 주도 능력으로 분위기 메이커가 되자

앞서 회사는 다양한 삶의 스토리를 가진 다양한 사람들의 집단이라고 소개했다. 그렇다면 이들과 어떻게 협업을 잘할 수 있을까? 이를 고민하면서 기업들은 친목을 다질 수 있는 다양한 시간을 제공한다. 한 달에 한 번씩 회식을 한다거나 티타임을 갖는다거나 심지어 스타트업 대표들은 직원들과 일대일로 면담하면서 힘든 점이나 어려운 점은 없는지 직접 묻기도 한다. 물론 수평적인 기업 문화이기에 직원들은 편하게 자신의 속마음을 털어놓는다. 적어도 내가 본 그 기업에서는 그랬다(하지만 일반적인 기업에서는 직원이 속마음을 터놓는 것이 힘들 것이다). 또는 분기별로 워크숍을 가거나 1년에 한 번씩 송년회를 가지면서 한 해를 되돌아보는 시간을 갖기도 한다.

이런 행사들은 대개 모든 기업에서 거의 빠지지 않는 행사이다. 대부분의 행사 기획과 준비는 신입들이 맡아서 진행하므로 이때가 바로 당신에게 주어지는 첫 번째 기회가 된다. 한 번은 겪어야 할 관문이라면 나는 당신이 그 누구보다 분위기를 잘 리드하는 사람으로 평가되기 바란다. 당신의 행사 주도 능력이 결국 당신에게 직장을 즐거운 놀이터로 만들어주는 유익을 가져다줄 것이니 말이다.

사실 나는 직장 놀이터 문화를 아르바이트에서부터 만들기 시작했다. 헬스장에서 일할 때는 근무하지 않는 시간에 운동을 하거나 GX룸에 가서 음악을 크게 틀어놓고 댄스 연습을 했다. 취업 컨설팅을 할 때는 살던 곳 주변에 PC방이나 카페가 없어서 주말에도 곧잘 회사에 나가 공부하고 새로운 프로그램을 개발했다. 그리고 회사를 홍보할 수 있는 재미있는 영상을 찍어 SNS에 올렸고 주말에도 학생들과 소통하며 즐거운 시간을 보냈다. 누가 시켜서 한 것이 아니라 그저 내가 즐거워서 한 일이었다. 다른 직원들은 나를 보면서 "별나다. 주말에도 회사에 나오고 싶어?"라고 이야기했지만 주말에 회사는 나의 아지트가 되었다. 또한 워크숍이나 송년회를 준비하면서도 적극적으로 기획하고 물품들을 손수 만들며 이왕 가는 거 최고로 즐거운 시간을 보낼 수 있도록 분위기를 주도했다(물론 나 혼자서 한 것은 아니다. 동료들과 함께 머리를 맞대 아이디어를 짰고 그렇게 다 같이 즐거운 추억을 만들었다). 이런 경험은 나에게, 아니 우리 모두에게 너무나도 좋은 추억을 가져다주었다.

그래서인지 지금도 나는 그 멤버들과 꾸준하게 연락을 하고 주기적으로 만난다. 그렇게 이제 우리는 동료가 아닌 친구가 되었다. 이처럼 당신도 일뿐만 아니라 잘 노는 사람이 된다면 일에 대한 인정뿐만 아니라 사람도 얻을 수 있다. 나는 당신이 이 두 가지를 모두 얻는 사회 초년생이 되길 바란다. 당신의 직장생활이 조금 더 즐겁고 풍성해지기를 기원한다.

직업적 가치관 우선순위 세우기

1. 회사를 선택할 때 중요한 기준이 되는 요소

근무 지역, 회사 규모, 연혁, 사원수, 매출액, 신입 연봉, 경력 연봉, 연봉 상승 체계, 직무, 대표의 마인드, 기업 문화, 미래 성장 가능성, 사회가치 실현 정도, 직원들의 만족도, 직원의 연령대, 직원의 성비, 복지 혜택, 출퇴근 거리, 회사 운영비의 투명도, 내일채움공제 실시 여부, 직원의 평균 연차 사용 개수, 연차 보상제도, 회사 내부 시설 등

1) 위 요소 중 열 가지 선택하기(위에서 제시되지 않은 항목도 선정 가능)
2) 1)에서 선정한 열 가지 요소를 다섯 가지로 추려내기
3) 2)에서 추려낸 다섯 가지를 중요도 순서에 따라 1~5위 우선순위 매기기
　→ 주요 가치관 기입
4) 나머지 6~10위 요소도 중요도 순서에 따라 우선순위 매기기
　→ 부가적 가치관 기입

2. 현재 나의 직업/직무 만족도
1) 1~10위 칸을 모두 채웠다면 1~5점 중에서 현재 내가 느끼는 점수에 체크하기
2) 주요 가치관(1~5)과 부가적 가치관(6~10)의 총합을 각각 계산하기

| 직업적 가치관에 따른 직업/직무 만족도 |

직업적 가치관	만족도	매우 불만족 (1점)	불만족 (2점)	보통 (3점)	만족 (4점)	매우 만족 (5점)
주요 가치관	1.					
	2.					
	3.					
	4.					
	5.					
	총합					
부가적 가치관	6.					
	7.					
	8.					
	9.					
	10.					
	총합					

3) 주요 가치관(1~5번)과 부가적 가치관(6~10번) 각각의 점수를 파악한다.

매우 만족(21~25)

만족(16~20)

보통(11~15)

불만족(6~10)

매우 불만족(0~5)

4) 주요가치관과 부가적 가치관을 더한 값의 점수를 파악한다.

매우 만족(41~50)

만족(31~40)

보통(21~30)

불만족(11~20)

매우 불만족(0~10)

3. 결과지 해석하기

1) 주요 가치관과 부가적 가치관이 모두 높을 때

현재 직장과 직무에 대한 만족도가 굉장히 높다. 앞으로 자신의 경력 개발을 어떻게 성장시켜나갈지에 대한 고민과 준비를 한다면 그 누구보다 빠르게 성장할 수 있다.

개인의 성장과 함께 회사의 성장을 함께 이뤄나갈 수 있는 방안을 만들어가면 분명 어느 조직에서나 인정받는 인재로 자리매김할 수 있을 것이다.

2) 주요 가치관이 높으나 부가적 가치관이 낮을 때

주요 가치관이 높아 부가적 가치관이 낮아도 충분히 보완이 되는 유형이다. 주요 가치관을 더욱 개발시켜서 부가적 가치관을 굳이 신경 쓰지 않더라도 충분히 만족감을 누릴 수 있는 방안을 찾아보도록 하자.

부가적 가치관을 향상시켜줄 수 있는 회사 내의 장치들이 마련될 수 있도록 건의해보는 것도 좋은 방법이다. 의견이 받아들여지면 더욱 만족도가 높아질 것이지만 받아들여지지 않더라도 이직을 준비할 정도의 상황은 아닐 가능성이 크다.

3) 주요 가치관이 낮으나 부가적 가치관이 높을 때

주요 가치관이 낮아서 가끔 이직을 고려하지만 부가적 가치관이 높아서 보완이 되는 유형이다. 그러나 이 경우 경력을 오래 쌓기 힘들 수 있다. 주요 가치관이 낮은 이유가 직장 때문인지 직무 때문인지를 파악하여 이직을 하든 직무를 변경할 준비를 하는 것이 좋다.

회사 내에 주요 가치관을 상승시켜줄 수 있는 변화 가능성이 없다면 자신의 경력을 최대한 끌어올려 이직을 준비하는 것이 좋다.

부가적 가치관이 낮으면 주요 가치관에 의해 보완이 가능하지만 주요 가치관이 낮으면 부가적 가치관이 아무리 높더라도 보완되기 힘들다.

4) 주요 가치관과 부가적 가치관이 모두 낮을 때

현재 자신이 일하고 있는 직장과 직무가 모두 최악으로 느껴진다. 하루빨리 직장을 그만두고 이직을 준비하자. 자신이 발 디딘 직무가 전혀 직무 만족도를 주지 못한다면 새로운 분야를 탐색하는 시도를 시작해야 한다. 실업자 내일배움카드 혹은 재직자 내일배움카드를 통하여 새로운 분야에 대한 실무 기술을 공부할 수 있는 교육과정을 수강하는 것도 좋은 방법이다.

퇴근 후
나의 미래가 보인다

자기계발에도 종류가 있다

밀레니얼 세대는 야근이 없는 칼퇴 직장을 선호한다. 심지어 주말근무는 상상할 수도 용납할 수도 없는 상황으로 여긴다. 왜? 밀레니얼들은 퇴근 이후 그리고 주말에 자신이 원하는 일들을 하며 에너지를 충전해야 하기 때문이다. 나도 개인적으로 자기계발을 굉장히 좋아한다. 주말에 가만히 집에서 누워 쉬는 것은 나에게 곤욕이다. 무엇이라도 해야 한다. 카페에 나가서 책을 읽든 서점에 가서 하루 종일 시간을 보내든, 지방에 있는 친구를 만나러 여행을 가든, 혹은 전시회나 미술관을 찾아가든 말이다.

그런데 자기계발에도 종류가 있다는 것을 아는가? 나는 자기계발을 두 가지 종류로 분류한다. 한 가지는 나에게 생산성을 높여주거나 이익으로 창출될 수 있는 생산적 자기계발이며 다른 한 가지는 나에게 소비를 불러일으키지만 심리적인 만족감과 행복감을 느끼게 해주는 소비적 자기계발이다. 생산적 자기계발은 업무적으로 능률을 높여주거나 이익창출(부수입)로 연결될 수 있는 자기계발이다. 예를 들어 영어회화, 경제 및 금융, 재테크, 파워블로거, 업무 관련 자격증, 체력 관리를 위한 운동 등이 여기 속한다. 소비적 자기계발은 소비를 불러일으키지만 심리적인 만족감과 행복감을 주는 자기계발이다. 예를 들어 드로잉, 일러스트, 캘리그라피, 악기 배우기, 여행, 맛집 동호회, 일반 블로거 등이다.

물론 소비적 자기계발을 하면서도 누군가는 이익으로 창출해내기도 한다. 처음에는 취미로 시작했을지라도 캘리그라피를 통하여 부가적인 수입을 창출해내는 S 양은 캘리공방이라는 스토어팜을 열어서 온라인으로 주문을 받고 판매 수입을 얻고 있다. 자신의 일을 하면서 취미로 이익을 창출해낸 것이다. 이 정도의 수준으로 올라갔다면 이는 생산적 자기계발로 분류된다.

자기계발은 너무나도 중요하다. 자기 인생에 대한 기대감과 꿈이 있는 사람은 언제나 그 자리에 머물러 있고 싶어 하지 않고 성장하기를 추구한다. 그러므로 이들은 오늘도 어떤 취미 활동을 할지, 어떤 자기계발을 시도할지를 고민한다. 프립이나 크몽, 탈

| 커리어코치 하니의 자기계발 현황 |

생산적 자기계발 (직무 관련)	자격증(13개)	직업상담사 2급, 사회복지사 2급, 평생교육사 2급, 부모교육지도사 1급, 심리상담사 1급, 진로코칭지도사 1급, 스피치지도사 1급, 이미지메이킹지도사 1급, 독서지도사, 컴퓨터자격증[워드프로세서 1급, ICDL, 정보기술자격(ITQ)], 운전면허 1종보통
	수료증(9개)	개인정보보호 교육과정 1차/2차, HRD 교육 〈진로의 이해와 활용〉, 직업훈련교육 부정훈련 예방교육, NCS 이해와 활용(직업 중심), 잠재능력개발 멘토코칭, NCS 편성, HRD교육〈강사 퍼실리테이션 기법〉, HRD교육〈취업상담기법〉, 차이에듀케이션〈하루관리 8주 과정〉
	기타	- 책쓰기: 성공 책 쓰기 아카데미 9주 클래스 수료 - 창업/재테크: 난생처음 토지투자 7주 클래스 수료, 10배경매학교 7주 클래스 수료, 아마존창업캠프 29기 수료 - 건강관리: 칼로리 일기, 주 2~3회 홈트레이닝
소비적 자기계발 (취미/여가)	자격증(2개)	워십댄스지도자 2급, 태권도 2단
	수료증(1개)	청년문화리더 양성사업 〈시흥청년 체인지메이커 1기〉
	기타	직장인 댄스 동아리, K-pop커버(비정기적 활동)

잉과 같은 어플들의 성행이 이를 방증한다. 프립은 여가 활동을 중개하는 사이트인데 카약, 댄스, 당구에서부터 수제맥주 만들기까지 이 사이트에 개설된 2,500여 개의 '원데이 클래스'에 매월 평균 7,000~8,000명이 참석한다.

크몽은 자신의 전문화된 지식이나 재능을 클래스로 만들어 수강료를 받고 제공하는 일명 '재능 마켓'이다. 크몽에 등록된 서비스는 무려 14만 개이며 총거래 건수는 83만 건에 달한다고 하니 우리나라의 소비문화가 '세포 마켓'이라고 불리는 이유도 알 수 있을 것이다. '세포 마켓'은 《트렌드 코리아 2019》의 저자 김난도 교수가 선정한 2019년 황금 돼지의 해 트렌드 키워드에서 소개된 개념이다. '세포 마켓'이란 인플루언서뿐만 아니라 일반인들도 자신만의 상품을 판매하게 되면서 붙은 이름으로 '작은 마켓'이라는 뜻을 갖고 있다. 김난도 교수는 앞으로 세포 마켓이 점점 더 성행할 것이라고 예측했다.

현재 당신은 자기계발을 위하여 어떤 준비를 하고 있는가? 지금 하고 있는 당신의 자기계발은 생산적인가 소비적인가? 이 두 가지 분류 가운데 당신은 균형을 잘 잡고 있는가? 중요한 20~30대 시기에 소비적인 자기계발로 당신의 가능성을 묵혀두지 말고 균형 있는 자기계발을 통하여 성장과 행복을 함께 누리는 당신이 되길 바란다. 꾸준한 배움과 경험이 결국 자신의 미래 인생을 만들어간다.

배움을 즐기면 스펙이 늘어난다

나는 취업을 한 이후로도 꾸준하게 배운다. 2017년도에는 직무 관련 수료증을 여덟 개나 받았다. 거의 한 달에 한 과정씩은 직무 관련 교육 프로그램을 신청해서 꾸준하게 공부하러 다녔다는 뜻이다. 2018년에는 무려 여섯 개의 직무 관련 자격증을 취득했다. 배움도 즐기다 보면 성취감이 생긴다. 특히 수료증이나 자격증을 발급받는 교육 프로그램들은 모으는 재미도 쏠쏠하다. 수집을 좋아하는 특성을 활용하여 배움에 적용하니 더 이상 공부가 힘들지 않았다. 학창 시절에도 이렇게 수집할 수 있는 장치를 마련해서 공부를 했더라면 더 좋은 성적을 냈을 것 같다.

이렇듯 자신의 특성을 잘 이해할수록 하기 싫은 공부를 하고 싶도록 만들 수 있다. 이것이 바로 자기경영의 선순환 결과이다. 자기경영은 하기 싫은 것은 억지로 하도록 만드는 과정이 아니라, 자신을 파악함으로써 자신의 능력을 최대치로 끌어내는 방법을 찾아 자신을 계발시켜나가는 과정이다. 이처럼 학교를 졸업한 이후로 직무 관련 배움을 즐기면 스펙도 하나씩 늘 수 있다. 또한 소비적 자기계발도 자격증이나 수료증을 받는 것을 추천한다. 그게 어렵다면 결과물을 만들어서 사진을 찍어두거나 기록을 남겨두고 관련 자료를 모아두는 것이 좋다. 언제 어떻게 자신의 인생 스토리로 사용될 줄 모르니 말이다.

꾸준한 자기성찰이 자신을 더 좋은 사람으로 만든다

나는 매일 잠들기 전에 책을 읽거나 하루를 돌아보는 시간을 갖는다. 오늘 내가 던진 말 한마디가 하지 말았어야 했던 말은 아니었는지, 나의 행동이 누군가에게 불편을 끼치지는 않았는지를 생각한다. 혹은 이런 상황에서 '이렇게 말하거나 행동했으면 좋았을 텐데'라는 대안적 해결 방안을 찾기도 한다.

사실 이런 습관은 학창 시절에 갖게 된 것 같다. 나는 학창 시절 굉장히 소극적이고 말보다는 생각이 많은 아이였다. 그래서 친구들과 의견을 나누면서 충돌이 일어날 때 여러 가지 생각만 하느라 또박또박 나의 의견을 어필하지 못했다. 그로 인해 왠지 억울하게 매번 대화를 끝내야만 했다. 그래서 그런 날이면 집에 돌아와 그 상황들을 되뇌며 '아, 그때 이렇게 말했어야 했는데!'라는 식으로 나만의 대처 능력들을 수없이 시뮬레이션해왔다. 실제로 상대가 내 앞에 있는 것처럼 천장을 보며 이야기를 했다.

그런 습관 덕분인지 지금은 어떠한 문제 상황이 닥치더라도 당황하지 않고 유연하게 대처한다. 누가 어떤 의견을 말하더라도 그 상황에서 가장 현명하게 대처할 수 있는 방법을 찾아내고 대화에 적용한다. 이는 꾸준한 자기성찰을 통해서 얻게 된 나의 문제 해결 능력이기도 하다. 이런 대처 능력은 업무적으로나 대인관계를 맺을 때 유용하게 활용된다. 그래서 그런지 지금의 나는 다양한 사람들과도 잘 어울릴 수 있으며, 서로의 다름을 존중하고 이해하는 관계를 구축하는 것에 굉장히 익숙하다. 당신은 당신의 삶을 얼마나 돌아보는 시간을 갖고 있는가?

내가 좋아하는 책 중의 하나인 스펜서 존슨(Spencer Johnson)의 《선물(The Present)》에서 저자는 "과거 경험을 통해서 배움을 얻고 미래를 더욱 철저하게 계획함으로써 현재에 더욱 몰입할 수 있는 내가 되는 것"이 바로 성공적인 인생 경영 비법이라고 말한다. 오늘 하루의 일상에 대한 자기성찰, 한 달간의 삶에 대한 자기성찰, 1년간의 삶에 대한 자기성찰들을 꾸준히 해나가는 당신이 되길 바란다. 자기성찰이 없이 고립된 사고방식을 가진 사람 곁에는 결국 좋은 사람들이 머무르지 않는다.

효과적인 피드백은 변화를 만든다

"효과적인 피드백은 상대의 자기인식을 높여주고 그것이 행동 변화를 이끈다."   – 브래머 & 맥도널드(Brammer & MacDonald)

조직에서 경영자의 효과적인 피드백은 직원들에게 네비게이션의 역할을 한다. 어떤 목표를 달성하기 위해 열심히 일하는 직원이 제대로 맞는 방향으로 가고 있는지, 목표 지점에 얼마만큼 다다랐는지 알 수 있도록 해주는 것이 바로 피드백의 역할이다. 경영자는 명령이나 질책이 아닌 피드백을 통하여 직원들이 조직에서 원하는 좋은 행동을 더 많이 하도록 강화하고, 나쁜 행동은 좋은 행동으로 변화하도록 도움을 준다. 직원들의 행동을 변화시키는 힘은 바로 경영자의 피드백에 달린 것이다. 이와 같은 원리로 사람들은 자기 인생을 경영해가는 경영자로서 스스로에게 효과적인 피드백을 하는 습관을 가져야 한다. 피드백에는 두 가지 종류가 있다. 긍정적(지지적) 피드백과 발전적(교정적) 피드백이다.

긍정적 피드백은 바람직한 행동을 강화하도록 칭찬과 인정을 해주는 것이다. 긍정적인 피드백을 하는 방법은 첫째, 구체적인 행동(재능보다 노력)을 칭찬하고 인정한다. 둘째, 그 행동으로 인해 주변에 미친 긍정적인 영향력을 칭찬한다. 셋째, 그 결과에 대한 감사한 마음을 표현한다. 이렇게 스스로 긍정적인 피드백을 받는다면 어떤 일을 하는 데에도 자신감과 자존감을 갖게 될 것이다.

발전적 피드백이란 개선이 필요한 행동을 반복하지 않도록 소거하는 목적으로 사용되는 피드백이다. 발전적 피드백의 방법은 첫째, 인격이 아닌 구체적 개선 행동을 명확히 정의한다. 예를 들어 지각한 자기 모습을 보면서 '나는 왜 이렇게 못났지?'라고 생각하는 것이 아니라 '오늘 지각한 것은 내가 불성실한 사람으로 비치기 때문에 꼭 고쳐야 하는 일이야'라고 개선 사항과 그 이유를 명확히 정의하는 것이다. 둘째, 조직과 주변 사람들에게 미치는 영향까지 생각한다. 지각을 하면 오전에 자신이 해야 하는 업무에 지장이 생기고 자기 대신 업무를 처리해야 하는 사람이 생기면 불편을 겪게 될 것이라고 인식하는 것이다. 셋째, 자신이 변화되기 바라는 바람직한 행동을 구체적으로 세우고 그에 대한 해결 방안과 장치들을 마련한다. 다시는 지각하지 않도록 무조건 12시 전에는 잠자리에 들고 아침에 알람을 열 개씩 맞춰놓도록 하자는 해결 방안이 그 예이다. 이런 피드백 과정을 거치면 스스로 자존감을 다치지 않도록 지킬 수 있고 개선해야 할 자신의 행동들을 보완해나갈 수 있다.

차별화가
곧 스펙이다

나만의 특별한 스토리는 지금도 현재 진행형

동생과 함께 운영하던 카페를 떠나 인천에 있는 S 교육회사에 입사했다. 첫 직장생활이어서 사실 아무것도 잘 모르고 입사했던 것 같다. 잡사이트에 있는 좋아 보이는(?) 구인 공고 하나만 보고 지원을 했으니 말이다. 사실 당시의 나는 취업을 준비하면서 조언을 구할 만한 사람도 딱히 없었을뿐더러 어떤 기준으로 회사를 선택해야 하는지에 대한 직업적 가치관도 명확하지 않았다. 그저 직무 내용을 보고 내가 할 수 있겠다 싶은 회사에 지원을 했던 것 같다(사실 나의 이런 시행착오 경험이 지금 내가 청년들에게 조언을 해줄 수 있는 커리어코치가 되도록 만든 원동력이 되었다).

그렇게 시작한 사회생활이 순탄할 리 없었다. 내가 생각한 회사생활과 너무나도 다른 모습이었다. 구인 공고에서 봤던 연봉 체계는 말도 안 되는 개인별 성과급으로 지급되는 인센티브직이었고 직무에서도 내가 원하는 교육 컨설팅이 아닌 무작위 영업에 가까운 직무였다. 게다가 매출이 발생하지 않으면 주말이고 공휴일이고 할 것 없이 모두 강제 소환되었고 혹은 월급을 조금이라도 더 받기 위해 출근을 해야 했다. 하루에 전화 상담 시간 한 시간을 채우지 않으면 퇴근할 수도 없었다. '이런 말도 안 되는 회사에 왜 들어왔을까' 후회할 시간도 없이 그저 바쁘게 업무에만 집중하다 보니 어느새 3~4개월이 흘러 있었던 것 같다.

나는 내가 직접 경험해보지 않은 사람에 대해 비판적인 말을 하는 것을 좋아하지 않는 것과 마찬가지로 내가 직접 경험해보지 않은 직무나 회사에 대해서도 비판적인 판단을 하는 것을 좋아하지 않는다. 어찌 되었든 일단 내가 하기로 마음먹었고 뛰어들었다면 최선을 다해서 노력하고 성과를 내자고 생각했다. 그리고 그곳에서도 배울 수 있는 점들을 최대한 찾아내 내 능력으로 만들어내고자 했다.

그러던 어느 날 내가 맡은 교육생들에게 좋은 세미나를 안내해주기 위해 일주일 중 유일한 휴일을 그들을 위해 사용한 적이 있었다. 매일 열 시간 이상씩 근무하면서 주말도 없이 일하다가

간신히 얻은 하루의 휴가였는데도 나는 그 휴일을 내가 맡은 교육생들과 함께 강남에서 열리는 세미나에 참석하기로 결정한 것이다. 나는 매출 올리기만을 바라던 기업의 경영 방식과는 다르게 내가 맡은 교육생들에게 진정한 멘토가 되어주고 싶었다. 그런 가치를 실현하기 위해서는 결국 나의 휴일을 할애할 수밖에 없는 상황이었다. 나는 아침 일찍 일어나 세 명의 친구들과 함께 점심을 먹고(점심도 사비로 지불했다) 강남에 있는 세미나장으로 향했다.

그 세미나는 워낙 유명해서 전국 각지에서 올라온 교육생들로 가득했다. 그곳에서 우리는 부원장님을 만났다. 부원장님은 교육생들과 함께 세미나장을 찾은 나를 보면서 굉장히 놀라는 눈치였다. 부원장님은 휴일인데 대단하다며 세미나 잘 듣고 가라는 당부를 해주셨다. 따지고 보면 그렇게 대단하고 어려운 일은 아니었다. 지금 생각해도 '누구나 할 수 있는 일이지만 아무나 할 수 없는 일'이었기에 나를 좋게 봐주신 것 같았다.

이런 나만의 특별한 스토리를 통하여 그 이후로 부원장님은 나를 주의 깊게 봐주셨다. 그러나 나는 S 교육회사에서 에이스로 인정받고 매출 1등을 찍었을 때 퇴사를 결정했다. 더 이상 그곳의 교육 운영 방식에 따를 수 없겠다는 판단이 들었기 때문이다. 그곳에서는 더 이상 내가 성장할 거리가 없어 보였고 내가 진정 원하는 직업적 가치관을 실현하기 어렵다는 판단이 들었다. 이왕이면 박수칠 때 떠나는 뒷모습이 멋있지 않은가? 퇴사하기 가장 좋은 시기였다. 매출 1등을 달리고 있을 때라 나의 퇴사 결정은 원장님과 모든 직원들에게 의아하게 보이는 결정이기도 했다. 하지만 나는 의사를 바꿀 마음이 없다는 것을 단호하게 말했고 결국 나의 퇴사는 받아들여졌다. 그리고 다음 날 부원장님께서는 나를 따로 불러 점심식사를 하자고 제안해주셨다.

"하연 씨, 퇴사하면 무엇을 할지 따로 세워둔 계획 있어요? 내가 곧 강남에 있는 본사로 본부장 발령을 받아 올라가는데 나와 함께 가지 않을래요?"

너무나도 감사했고 황송한 제안이었다. 사실 S 교육회사에서 내가 제일 존경하는 분이 부원장님이었기 때문이다. 그녀는 자신의 위치와 상관없이 워크숍에서도 허드렛일을 도맡아 하는 사람으로, 카리스마도 있지만 깊은 정이 있는 분이었다. 하지만 그때 나는 지나친 업무 시간과 스트레스로 인해 체력적으로 정신적으로 많이 지쳐 있었다. 심지어 응급실에 링거를 맞으러 다닐 정도였다. 감사한 제안이었지만 정중하게 거절했다. 일단 휴식을 가지면서 내가 진정으로 하고 싶은 일을 위해 계획해둔 공부를 시작할 것이라고 말씀드렸다.

그렇게 나는 퇴사를 하고 직업상담사 공부를 시작했다. 무작위 영업이 아닌 학생들의 진로와 미래를 진정성 있게 함께 고민하고 상담하는 멘토가 되고 싶었다. 그렇게 공부를 시작한 지 3개월 만에 취업 컨설턴트로 두 번째 회사에 입사하게 되었다.

그 누구보다 내가 가장 잘하는 일

첫 번째 회사를 거쳐 두 번째 회사에 입사했다. '이제야 진정으로 내가 추구하던 교육 상담을 할 수 있겠구나!'라는 기쁨에 너무나도 행복했다. 하지만 이게 웬걸, 두 번째 회사에서도 입사하자마자 나를 기다리는 숙제가 있었다. 스타트업 회사라 취업 컨설턴트라는 직무만 전담하는 직원을 처음으로 뽑은 것이다. 이전까지 대표님 혼자서 모든 취업 컨설팅을 담당하고 계셨다는 것이다. 고로 내가 인수인계를 받아야 되는 사람은 그 어렵다는 대표님이었고 내가 참고할 만한 문서나 자료는 별로 없었다(거의 전무했다고도 할 수 있다).

아르바이트를 하면서 업무 계획표나 업무에 관한 자료들을 만드는 것에 익숙했던 나는 가장 처음부터 취업 컨설팅 체계를 만들었다. 그야말로 신입으로 입사를 했는데 경력처럼 일을 해야 되는 상황에 맞닥뜨리게 된 것이다.

일단 6개월 교육 기간과 6개월 취업 지원 기간을 포함해 총 1년에 해당하는 취업 지원 계획 로드맵을 만들었고 크게 세 가지 분야로 프로그램을 설계했다. 세부적으로는 취업 역량 프로그램 열 개, 잡매치 지원 프로그램 네 개, 사후관리 프로그램 여섯 개를 만들었다. 전체 프로그램의 틀을 만들고 나니 한눈에 내가 해야 할 업무들이 정리되기 시작했다. 그중에서도 내가 가장 자신 있었던 취업 특강과 집단 상담 프로그램은 학생들로 하여금 큰 만족도를 얻기도 했다. 또한 취업 시즌이 되면 구인난에 시달리는 기업과 취업을 해야 하는 취준생들을 연결하는 일의 비중이 늘어난다. 나는 기업과 취준생들의 입장을 모두 공유하기 위하여 기업의 대표님을 직접 찾아가 인터뷰를 진행하면서 이 자료를 영상으로 만들어 교육생들에게 회사 정보의 일환으로 제공해주었다. 또 잡사이트를 열어서 매일 인사담당자에게 전화를 걸면서 면접을 제의하기도 했다. 첫 번째 회사에서 매일 한 시간씩 아웃바운드를 하다 보니 전화로 하는 업무는 자신 있었다. 사실 그 당시는 힘들었지만 내가 그 일을 최고로 잘해낼 정도로 능력을 키워냈기 때문에 지금 나에게 피가 되고 살이 되는 일이라고 생각한다. 어떤 일이든지 내가 충분히 나의 것으로 만들고 나면 다 써먹을 데가 있다는 것이 증명되는 순간이었다.

이러한 색다른 시도는 누구나 쉽게 시작할 수 없는 일이기도 했다. 물론 나 혼자서 이런 일들을 다 할 수는 없었을 것이다. 그 당시 나와 함께 해준 차장님과 동료 매니저 덕분에 생각만으로 끝내지 않고 다양한 시도를 적극적으로 실행해볼 수 있었다. 지금도 나는 그때의 동료들에게 고마운 마음을 갖고 있다. 덕분에 나는 짧은 시간 동안 다양한 업무를 경험하며 취업 컨설팅에 대한 업무적인 스펙트럼을 넓힐 수 있었다.

항상 되뇌어야 할 질문,
'여긴 어디? 난 누구?'

끊임없이 'why'를 질문하라

나는 왜 일을 하는가? 나는 왜 이 일을 선택했는가? 나는 왜 지금 이 회사를 다니고 있는가? 나는 이처럼 끊임없이 "왜?", "Why?"를 질문한다. 꾸준히 질문하고 답을 하다 보면 현재 내가 어떤 태도로 일하고 있는지를 알 수 있다.

사실 이런 질문을 하면 대부분 '돈을 벌기 위해서', '가족을 부양하기 위해서', '내 능력을 인정받기 위해서'라고 이야기한다. '일하는 게 즐거워서', '직업적 보람을 얻기 위해서', '내가 원하는 삶을 살기 위해서'라고 말하는 사람은 극히 소수이다.

같은 업종에서 같은 일을 할지라도 일에 대해 스스로 어떤 의미를 부여하고 있느냐는 커다란 차이로 나타난다. 일을 대하는 태도뿐만 아니라 일을 통해 얻는 행복감의 수준도 달라지기 때문이다. 사람은 하루 잠자는 시간을 제외하고 50퍼센트 이상을 직장에서 일하면서 보낸다. 이왕이면 인생의 반 이상을 차지하는 시간을 즐겁고 보람차게 보내는 것이 좋지 않을까?

성과를 만들어내는 직원이 되려면 다음과 같은 질문에 답해보아야 한다.

- who: 내 일의 대상은 누구인가? 또는 어떤 사람들과 함께 일을 하는가?
- when: 나는 보통 언제 일을 하는가? 일하는 시간대가 나와 적합한가(평일/야간/주말/계절적/불규칙적 등)?
- where: 나는 어느 지역, 어느 장소에서 일을 하는가? 일하는 장소에 만족하는가?
- what: 나는 어떤 일을 주로 하는가? 그 일이 나에게 보람과 가치를 가져다주는가?
- how: 나는 어떤 방법으로 일을 하는가? 그 방법이 나와 적합한가?
- why: 나는 왜 일을 하는가? 이 일을 통하여 실현하고자(얻고자) 하는 바는 무엇인가?

일에 대한 생각을 바꿔라

일이 즐거우면 삶의 만족도가 높아질 것이라는 사실은 이미 너무나도 잘 알고 있다. 사실 많은 사람들이 원하던 바이기도 하다. 그런데 왜 그렇지 못하는 걸까? 일에 대한 당신의 생각부터 점검해보자. 앞에서 제시한 육하원칙에 따른 일에 대한 질문들에 답을 해보았는가? 여섯 가지 모두 부정적인 답변이 나왔다면 지금 당신이 하고 있는 일은 당장 때려치워야 하는 일인지도 모른다. 아무리 큰 연봉이 걸린 일이라 할지라도 결국 당신의 삶과 영혼을 갉아먹을 것이 뻔하기 때문이다.

많은 직장인들이 일에 대해 이렇게 정의한다. "일은 그저 일이다", "더도 말고 덜도 말고 적당히 해라. 잘할수록 일은 늘어나기 마련이다", "똑같은 월급 받고 더 노력할 필요 없다. 일은 그냥 일로 대해라". 어쩌면 이렇게 생각하고 사는 편이 마음 편할 수도 있다. 지금 당신이 받는 연봉, 지금 당신이 일하는 회사에 충분히 만족한다면 말이다.

그러나 자신을 성장시키고 싶고 더 많은 연봉을 받고 싶고 승진하고 싶은 욕심이 있는 직장인이라면 이런 생각을 하지 않는다. 그들은 어떻게 하면 일을 더 잘할 수 있을지를 고민한다. 어떻게 하면 일의 의미를 극대화할 수 있을지를 찾는다. 심리학자들의 다양한 연구에 따르면 사람은 자신이 하고 있는 일이 의미 있다고 느낄수록 그 일에 대한 몰입도가 높아지고 조직에 더욱 긍정적인 태도로 나타난다고 한다. 또한 직장에서도 인정받는 '일잘러'가 될 수 있을 뿐만 아니라 스스로도 직업적 행복감을 누리는 능력이 탁월해진다고 한다.

10년 뒤 그 누구보다 빠르게 성장해 있을 당신의 모습을 생각하며 일에 대한 생각을 바꿔보자. 일은 그저 일이 아니다. 일에 대한 당신만의 의미를 한번 찾아보자. 당신의 심장을 뛰게 만들어줄 그 의미를!

긍정적인 '일의 의미'를 찾아라

그렇다면 구체적으로 일의 의미를 어떻게 찾아야 할까? 보통 일의 의미를 찾는 방법은 직업, 경력, 가치의 세 가지로 분류된다. 일을 단순히 '직업'으로 여기는 사람들은 '돈벌이 수단'으로 생각하고, 일을 '경력'으로 생각하는 사람들은 '최종적으로 이루고자 하는 목표에 도달하기 위한 과정'이라고 생각한다. 또한 마지막으로 일을 '가치' 중심적으로 생각하는 사람은 '직업적 사명감'을 토대로 일의 가치를 끊임없이 실현시키고자 노력한다.

이 세 가지를 모두 충족시키는 일을 찾을 수 있을까? 할 수 있다. 사실 첫 번째로 내가 근무했던 회사는 경력이 오래되고 매출이 좋을수록 연봉이 높았지만 내가 실현하고자 하는 직업적 가치와 너무나도 달랐고 두 번째 회사는 내가 원하는 경력을 쌓고 가치를 실현시킬 수 있었지만 연봉이 충족되지 않았다. 그렇게 나는 지금 세 번째 회사를 만났고 나는 이 세 가지 의미를 점점 더 상승시키고자 노력하게 되었다. 앞으로도 나는 직업, 경력, 가치 이 모두에 해당하는 일의 의미를 더욱 극대화하기 위해 매순간 노력할 것이다.

당신도 할 수 있다. 충분히 노력하면 몇 번의 이직을 통해서라도 당신이 원하는 회사를 찾을 수 있다. 당신이 일에 대해 어떤 가치를 부여하느냐에 따라서 당신의 미래는 달라질 것이다.

- 직업(돈벌이 수단): 이 일을 지속할 수 있는 최소 희망 연봉과 추후 이뤄내고자 하는 최대 희망 연봉은(5년 단위로 당신의 미래 연봉을 계획해보자)?
- 경력(목표를 이루기 위한 과정): 당신 인생 전체를 통틀어 이루고 싶은 꿈과 목표는?
- 가치(직업적 사명감): 이 세상에 누구를 위하여 어떤 가치를 실현시키고 싶은가? 그 사명감이 당신의 심장을 뛰게 하는가?

· PART 4 ·

근로기준법,
모르면 손해다

열정페이는 NO!
일한 만큼 당당히 받는다

일을 하다 보면 어쩔 수 없이 연장근무 또는 야간근무, 휴일근무를 하게 될 때가 있다. 그런데 근로자에 따라서 연장/야간/휴일근무를 요청할 수 없는 근로자도 있다는 것을 알고 있는가? 그리고 우리가 연장/야간/휴일근로를 하게 되었을 때 어떻게 보상받아야 하는지도 정확하게 알고 있는 근로자들이 별로 없다. 근로기준법에서 말하는 연장/야간/휴일근로에 대한 모든 정보를 낱낱이 파헤쳐보자.

법정근로시간

법정근로시간은 휴게시간을 제외하고 1주 40시간, 1일 8시간
이다. 이 근로시간을 초과할 경우 연장근로에 해당된다. 참고로
원칙적으로 임금의 지급 대상인 시간으로 근무 작업 개시부터 종료
까지 휴게시간을 제외한 시간은 '소정근로시간'이라 한다.

[근로기준법 제50조(근로시간)]
① 1주간의 근로시간은 휴게시간을 제외하고 40시간을 초과할 수 없다.
② 1일의 근로시간은 휴게시간을 제외하고 8시간을 초과할 수 없다.
③ 제1항 및 제2항에 따른 근로시간을 산정함에 있어 작업을 위하여 근로자
　가 사용자의 지휘, 감독 아래 있는 대기시간 등은 근로시간으로 본다.

[법정근로시간 계산]
- 기본급 시간: 1일 8시간 × 5일 × 4.345주(소수점 올림)
- 주휴수당 시간: 1일 8시간 × 1일 × 4.345주(소수점 올림)
- 기본급 시간 + 주휴수당 시간 = 208.56시간 ≒ 209시간(한 달 기준)
※ 1년은 52.14주(365일 ÷ 7일)이고, 1개월은 4.345주(52.14주 ÷ 12개월)이므
　로 법정근로시간을 계산할 때는 4.345주로 한다.

연장근로 제한

[근로기준법 제53조(연장근로의 제한)]
당사자 간에 합의하면 1주간에 12시간을 한도로 제50조의 근로시간을 연장할
수 있다.

[근로기준법 제56조(연장, 야간, 휴일근로)]
① 사용자는 연장근로(제53조, 제59조 및 제69조 단서에 따라 연장된 시간의
근로)에 대하여서는 통상임금의 100분의 50 이상을 가산하여 근로자에게
지급하여야 한다.
② 제1항에도 불구하고 사용자는 휴일근로에 대하여는 다음 각 호의 기준에
따른 금액 이상을 가산하여 근로자에게 지급하여야 한다.
  1. 8시간 이내의 휴일근로: 통상임금의 100분의 50
  2. 8시간을 초과한 휴일근로: 통상임금의 100분의 100
③ 사용자는 야간근로(오후 10시부터 익일 오전 6시 사이의 근로)에 대하여는
통상임금의 100분의 50 이상을 가산하여 근로자에게 지급하여야 한다.

2018년 5월 근로기준법 개정 이전까지 1주 연장 12시간과 휴일
에 16시간 초과 근무까지 허용하여 최장 68시간 근로가 가능했다.
근로기준법 개정 이후 1주간 40시간 근무 이외에 합의에 의해 1주
간(7일 기준) 12시간 한도의 근로 연장이 가능하다. 결과적으로 68
시간에서 52시간으로 최장 근로시간이 단축되었다. 탄력적근로
시간제와 선택적근로시간제에도 동일하게 적용한다. 근로기준법
제110조에 따라 근로기준법 제53조를 위반한 자는 2년 이하의 징

역 또는 1천만 원 이하의 벌금에 처한다.

연장근로를 실시하려면 사용자와 근로자 간의 합의가 필요하다. 구체적으로는 필요 시에 사전 합의 또한 근로계약 등을 통한 합의, 개별 근로자의 합의권을 인정하는 내에서의 단체협약의 방법이 있다.

연장근로의 대상

- 일반 근로자(18세 이상 근로자): 1주 12시간 한도
- 임신 중인 근로자: 연장근로 금지
- 산후 1년 미만 근로자: 1주 6시간, 1일 2시간, 1년 150시간 이내
- 연소자(18세 미만): 1주 6시간, 1일 1시간
- 유해, 위험 업종의 근로자: 연장근로 금지(산업법 제46조[1])

연장근로수당

연장근로한 시간에 대해서는 통상임금의 50퍼센트의 가산수당을 지급한다.

---

1) 산업안전보건법 제46조(근로시간 연장의 제한)
사업주는 유해하거나 위험한 작업으로서 대통령령으로 정하는 작업에 종사하는 근로자에게는 1일 6시간, 1주 34시간을 초과하여 근로하게 하여서는 아니 된다(전문개정 2009. 2. 6.).

- 총 근무시간 × 시급 + (연장근로시간 × 시급 × 0.5)
- 본 근무시간 × 시급 + (연장근로시간 × 시급 × 1.5)

예를 들어 박철수의 계약상 근로시간은 10~19시(점심시간 1시간 포함) 8시간이었으나 19~22시 3시간을 연장근로했다. 이날 박철수의 일급을 계산해보자(최저임금 8,350원/2019년도 기준).

(본 근무 8시간 + 연장근로 3시간) × 시급 8,350원 = 91,850원 (×)
(본 근무 8시간 × 시급 8,350원) + (연장근로 3시간 × 시급 8,350원 × 1.5배)
66,800 + 37,575 = 104,375원 (O)

야간 및 휴일근로

야간근로수당

오후 10시부터 익일 오전 6시까지 근로시간을 야간근로 시간으로 정의한다. 연장근로한 시간에 대해서는 통상임금의 50퍼센트의 가산수당을 지급한다. 연장/휴일근로와 중복될 경우 중복 적용하여 지급한다.

예를 들어 박철수는 어제 24시까지 근무를 했다면 이날 기본급 외에 추가되는 근로수당은 얼마일까(일반 근로자는 09~18시 근무)?

ㄱ. 연장근로수당 = 시급 8,350원 × 1.5배 × 6시간(18~24시) = 75,150원
ㄴ. 야간근로수당 = 시급 × 8,350원 × 0.5배 × 2시간(22~24시) = 8,350원
• 그러므로 추가근로수당은 ㄱ+ㄴ= 83,500원

만약 박철수가 15~24시 근로계약이 설정된 근로자라면 순수 야간근로 수당만 계산된다.

휴일근로수당

근로기준법에서 말하는 '휴일'은 '근로계약서상' 근로의무가 없는 날을 말한다. 근로기준법상 공휴일은 휴일수당 지급의무가 없으며 휴일로 정해진 날 출근 시 휴일수당이 발생한다. 현행 근로

| 연장/야간/휴일근로 |

구분		법정근로시간		연장근로	야간근로	휴일근로
		1일	1주			
남자 근로자		8시간	40시간	당사자 합의 1주 12시간	–	실질적 본인 동의
여자 근로자	일반	8시간	40시간	당사자 합의 1주 12시간	본인 동의	본인 동의
	임신 중	8시간	40시간	불가	명시적 청구 노동부장관 인가	명시적 청구 노동부장관 인가
	산후 1년 미만	8시간	40시간	당사자 합의 1일 2시간 1주 6시간 1년 150시간	본인 동의 노동부장관 인가	본인 동의 노동부장관 인가
18세 미만 근로자		7시간	35시간	당사자 합의 1일 1시간 1주 5시간	본인 동의 노동부장관 인가	본인 동의 노동부장관 인가

기준법에 따르면 5월 1일 근로자의 날은 휴일로 지정되어 있으므로 출근 시 휴일수당이 의무적으로 지급되어야 한다. 이는 알바생도 동일하게 적용된다. 하지만 앞으로 근로기준법이 개편되면서 법정공휴일도 유급휴무를 갖도록 확대된다. 휴일 근무 시 통상임금의 150퍼센트 또는 보상휴가를 제공해야 한다. 일급이나 시급제 근로자는 250퍼센트를 가산하여 지급해야 한다.

근로시간 개정안 시행 시기(기업 규모별로 차등 적용)

- 300인 이상의 기업: 2018.07.01.부터 적용
- 300인 이상 특례업종[2] 제외 기업: 2019.07.01.부터 적용
- 50~299인 기업: 2020.01.01.부터 적용
- 5~49인 기업: 2021.07.01.부터 적용
- 5인 미만 영세사업장: 근로개정안 적용 대상에서 제외

법정공휴일 유급휴무 확대

본래 공무원, 공공기관 근로자에게만 적용되었던 것을 민간기

---

[2] 특례업종의 목록도 기존 26개에서 5개 업종으로 대거 축소됨: 육상운송업, 수상/항공운송업, 기타운송서비스업, 보건업의 5종만 특례업종에 해당됨. 특례업종 종사 근로자도 2018년 9월 1일부터 연속 휴게 시간을 최소 11시간 보장받을 수 있다.

업 근로자에게도 확대해 공휴일도 본인의 휴가를 사용하지 않고 유급으로 쉴 수 있도록 하였다.

기업별 시행 시기는 다음과 같다.

- 300인 이상의 기업: 2020.01.01.부터 적용
- 30~299인 기업: 2021.01.01.부터 적용
- 5~29인 기업: 2022.01.01.부터 적용
- 5인 미만 영세사업장: 근로개정안 적용 대상에서 제외

주휴수당

평균 1주 1회 이상 근로자에게 주는 유급휴일을 '주휴일'이라 하는데, 이 주휴일에 하루치 임금을 별도 정산하여 지급하는 수당을 '주휴수당'이라 한다. 주휴수당은 일주일에 15시간 이상 근무하며, 정해진 근무시간을 빠짐없이 채우면 제공된다. 5인 미만 사업장 근로자도 주휴수당을 받을 수 있으며 주말 근로자도 근로시간이 15시간 이상이 되면 받을 수 있다. 이는 정규직뿐만 아니라 비정규직 아르바이트생에게도 동일하게 해당된다.

주휴수당은 1주의 근무시간을 만근했을 때 다음 주에 발생하는 수당으로 최소 2주 이상 근무해야 받을 수 있다. 주휴수당은 근로계약서를 작성하지 않는 경우에도 요구할 수 있으니 단기 아르바이트생도 꼭 요구하자.

주휴수당은(1주일 총 근로시간/40시간) × 8시간 × 시급으로 계산하는데, 이때 40시간은 통상 근로시간이며 이는 업장마다 차이가 있을 수 있다. 예를 들어 시급 8,350원을 받으며 주 5일 하루 5시간 근무 근로자의 주휴수당은 다음과 같다.

(25/40) × 8시간 × 8,350 = 41,750원

해고예고수당

사용자가 근로자에게 30일 이전에 해고예고를 하지 않고 해고를 할 때는 30일분의 통상임금을 지급해야 한다. 이를 해고예고수당이라 한다. 단, 천재지변이나 부득이한 사유로 사업 운영이 불가능할 경우, 근로자가 고의로 사업에 막대한 지장을 초래하거나 재산상 손해를 끼친 경우에는 해고수당 없이 즉시 해고할 수 있다. 5인 미만 사업장 근로자도 해고예고수당을 받을 수 있다.

휴가 계획하려면
연차부터 파악해야 한다

입사를 한 지 아직 1년이 채 되지 않은 김은지 사원은 친구와 해외여행을 계획하기 위해 연차를 사용하고자 본인의 연차를 물었다. 그런데 웬걸? 사용할 수 있는 연차가 없다고 하는 게 아닌가? 입사 이후 1개월 만근 시 한 개의 휴가가 생긴다고 분명 2018년도 5월 개정안에서 확인을 했는데 이게 무슨 일인지 의아하다. 이유를 물어보니 본 회사는 연차대체제도를 시행하는 회사이기 때문에 1개월 만근 시 한 개씩 생겨난 휴가는 모두 법정공휴일에 사용되었다고 한다. 연차대체제도? 도대체 그게 뭐지? 똑똑하게 휴가 계획을 짜기 위해서는 연차대체제도에 대해서도 필수로 알아야 한다.

[근로기준법 제60조(연차유급휴가)]

① 사용자는 1년간 80퍼센트 이상 출근한 근로자에게 15일의 유급휴가를 주어야 한다.

② 사용자는 계속하여 근로한 기간이 1년 미만인 근로자 또는 1년간 80퍼센트 미만 출근한 근로자에게 1개월 개근 시 1일의 유급휴가를 주어야 한다.

③ 삭제

④ 사용자는 3년 이상 계속하여 근로한 근로자에게는 제1항에 따른 휴가에 최초 1년을 초과하는 계속 근로 연수 매 2년에 대하여 1일을 가산한 유급휴가를 주어야 한다. 이 경우 가산휴가를 포함한 총 휴가 일수는 25일을 한도로 한다.

⑤ 사용자는 제1항부터 제4항까지의 규정에 따른 휴가를 근로자가 청구한 시기에 주어야 하고, 그 기간에 대하여는 취업규칙 등에서 정하는 통상임금 또는 평균임금을 지급하여야 한다. 다만, 근로자가 청구한 시기에 휴가를 주는 것이 사업 운영에 막대한 지장이 있는 경우에는 그 시기를 변경할 수 있다.

⑥ 제1항 및 제2항을 적용하는 경우 다음 각 호의 어느 하나에 해당하는 기간은 출근한 것으로 본다.

1. 근로자가 업무상의 부상 또는 질병으로 휴업한 기간

2. 임신 중의 여성이 제74조 제1항부터 제3항까지의 규정에 따른 휴가로 휴업한 기간

3. 「남녀고용평등과 일, 가정 양립 지원에 관한 법률」 제19조 제1항에 따른 육아휴직으로 휴업한 기간

⑦ 제1항부터 제4항까지의 규정에 따른 휴가는 1년간 행사하지 아니하면 소멸된다. 다만, 사용자의 귀책사유로 사용하지 못한 경우에는 그러하지 아니하다.

연차대체제도

연차휴가(법정휴일)는 근로자가 매주 만근을 하면 부여받는 주휴일(통상 일요일)과 근로자의 날(5월 1일)을 포함하여 근무를 면제

받을 수 있는 근무일을 말하는데, 근로기준법 기준으로 1년 만근 시 15일이 보장되며 1년 미만 근로자에게는 1개월 만근 시 1일이 보장된다.

- 국경일 4일: 삼일절(3/1), 광복절(8/15), 개천절(10/3), 한글날 (10/9), 제헌절은 휴일이 아님
- 공휴일 5일: 신정(1/1), 어린이날(5/5), 부처님 오신 날, 현충 일(6/6), 크리스마스(12/25)
- 명절연휴 6일: 설연휴 3일, 추석연휴 3일
- 국경일 4일 + 공휴일 5일 + 명절연휴 6일 = 15일

법정공휴일이라 부르는 국공휴일(국경일과 공휴일)과 명절연휴를 모두 연차휴가에 포함하는 기업의 경우 15일을 모두 포함하므로 근로자가 자율적으로 사용할 수 있는 연차는 0일이 된다. 기업마다 정해진 하계휴가(3~5일)까지 포함하면 오히려 마이너스 연차가 되기도 한다. 그러므로 자신이 입사한 회사가 연차대체제도를 적용하는지, 적용한다면 며칠까지 대체로 적용되는지를 미리 파악해놓도록 하자.

관공서의 공휴일을 근로자의 연차휴가로 대체하는 것을 '연차 (휴가)대체'라고 한다. 법정공휴일은 본래 공무원, 공공기관 근로자에게만 적용되었던 것인데, 이를 민간기업 근로자에게도 확대하기

로 하였다. 다시 말해 공휴일도 본인의 휴가를 사용하지 않고 유급으로 쉴 수 있도록 한 것이다. 기업별 시행시기는 다음과 같다.

- 300인 이상의 기업: 2020. 01. 01.부터 적용
- 30~299인 기업: 2021.01.01.부터 적용
- 5~29인 기업: 2022.01.01.부터 적용
- 5인 미만 영세사업장: 근로개정안 적용 대상에서 제외

대부분의 직장인들이 연차대체제도를 기업이 근로자들에게 연차를 주고 싶지 않아서 사용하는 '꼼수'라고 생각한다. 하지만 법적으로 마련된 합법적인 제도이기에 근로자는 불만을 제기할 수 없다. 입사를 할 때 확인하지 않고 입사한 자신 잘못이다. 그러니 채용공고에 연차 15개를 보장한다거나 야간수당 및 택시비 지원 같은 것을 복지혜택으로 강력하게 내건 회사들도 많다. 근로자 입장에서는 당연한 거라는 생각이 들 수 있지만 기업 입장에서는 당연하지 않다. 연차 15개를 모두 보장받고 싶다면 연차대체제도를 사용하지 않는 기업에 입사하거나 혹은 기업별 규모에 따라 연차대체제도가 사라지길 기다리는 수밖에 없다. 위 내용에 따르면 30인 미만 사업장은 2022년도부터 적용되니 2022년부터는 법정공휴일과 관계없이 15개의 연차를 모두 사용할 수 있을 것으로 기대된다.

4대보험,
꼭 들어야 하나?

아르바이트는 보통 고용보험과 산재보험이 의무적으로 가입되며 정규직 근로자는 국민연금, 건강보험, 고용보험, 산재보험이 가입된다. 네 가지 종류의 보험이 들어간다고 해서 약칭 4대 보험으로 부른다. 월급을 받으면 기업에서는 4대 보험을 제외하고 실수령액을 통장에 이체해준다. 그런데 4대 보험이 어떤 상황을 보장하기 위한 보험인지, 어느 정도의 퍼센테이지로 계산되는지 아는 근로자들은 사실 많이 없다. 이번 장을 통해서 4대 보험을 정확하게 공부해보자.

4대 보험이란?

법적으로 4대 보험이라는 용어는 없다. 우리가 흔히 말하는 4
대 보험의 공식 용어는 '사회보장기본법'에서 정의한 '사회보험'을
의미한다. 사회보험은 국민이 질병, 실업, 고령으로 불가피하게
일을 하지 못할 경우에 대비해 국가가 강제적으로 운영하는 '비
영리 강제보험제도'이다. 이 안에는 국민연금, 건강보험, 고용보
험, 산재보험이 포함된다. 그래서 흔히 '4대 보험'이라고 불리기
도 한다. 4대 보험은 크게 네 가지로 분류된다.

- 국민연금법: 노령, 장애 또는 사망을 대비한 연금보험
- 국민건강보험법: 질병, 부상에 대한 예방, 진단, 치료, 재활
  과 출산, 사망, 건강증진과 관련된 건강보험
- 고용보험법: 실업 등에 대비한 고용보험

[사회보장기본법 제3조]

① '사회보장'이란 출산, 양육, 실업, 노령, 장애, 질병, 빈곤 및 사망 등의 사회
적 위험으로부터 모든 국민을 보호하고 국민 삶의 질을 향상시키는 데 필
요한 소득, 서비스를 보장하는 사회보험, 공공부조, 사회서비스를 말한다.

② '사회보험'이란 국민에게 발생하는 사회적 위험을 보험의 방식으로 대처함
으로써 국민의 건강과 소득을 보장하는 제도를 말한다.

③ '공공부조(公共扶助)'란 국가와 지방자치단체의 책임하에 생활 유지 능력
이 없거나 생활이 어려운 국민의 최저생활을 보장하고 자립을 지원하는
제도를 말한다.

- 산업재해보상보험법: 업무상 재해에 대비한 산업재해보상 보험(4일 이상 치료가 필요하면 신청 가능)

4대 보험 가입 의무

가입 대상자

법적으로 사용자와 근로자가 계약을 할 때 인턴이든 비정규직이든 정규직이든 관계없이 아래의 기준에 따라 4대 보험의 가입 대상자에 해당된다. 1인 이상 근로자를 사용하는 사업 또는 사업장은 4대 보험 가입 대상이다.

	국민연금	건강보험	고용보험	산재보험
정직원	고용 시 의무			
아르바이트	주 15시간 이상, 월 8일 이상 근로 시 의무		고용 시 의무	1인이라도 고용하면 의무
일용직	주 15시간 이상, 월 60시간 이상 근로 시 의무			

4대 보험 제외 대상자(아르바이트생, 일용직 근로자 필독!)

주 15시간 미만 근로자, 월 60시간 미만 근로자, 월 8일 미만 근로자, 3개월 미만 근로자는 4대 보험 제외 대상자이다. 참고로 근로자가 아닌 등기 임원인 경우 4대 보험 중 고용 및 산재보험을 제외한 국민연금, 건강보험만 원칙적으로 적용된다.

가입과 탈퇴

4대 보험은 민간보험과 달리 가입과 탈퇴가 자유롭지 않다. 요건을 충족하면 반드시 가입해야 하고 요건을 충족하지 못하면 탈퇴해야 한다. 본인의 의사와 무관하다. 4대 보험은 사용자와 근로자가 모두 강제적으로 의무 가입해야 한다.

4대 보험 사용자 불이행

사용자는 각 4대 보험 근거법에 따라 근로자를 4대 보험에 가입시킬 의무가 있다. 사용자가 근로자를 4대 보험에 가입하지 않거나 가입을 방해하는 행위를 하는 경우 아래와 같이 과태료가 부과된다. 산재보험은 사용자가 미가입 상태에서도 신청이 가능하여 보상이 가능하지만, 사업주는 급여징수금이 부과된다(국민연금 50만 원 이하, 건강보험 100만 원 이하, 고용/산재보험 300만 원 이하).

4대 보험 계산 방법

2019년도 4대 보험 보험료율(단위: 천분율) 기준은 직장인 원천징수 세전에 대한 비율이며, 식대 등은 제외한다(표 1).

4대 보험을 계산해보면 연봉 3600만 원, 세전 월 300만 원 급여를 받는 박철수 사원의 4대 보험료를 계산한 다음 실수령 월급을 확인해보자(표 2).

| 표 1 |

구분	국민연금	건강보험	고용보험		산재보험
사용자	4.5%	3.23%	실업	0.65%	산재보험: 32.3%~0.7%/ 임금채권: 0.06%/ 석면피해 구제분담금: 0.0005% (ex)일반음식점 1%)
			고용안전 직업능력 개발산업	150인 미만 · 0.25%	
				150인 이상 (우선 지원 대상 기업) · 0.45%	
				150인 이상 1000인 미만 · 0.65%	
				1000인 이상 기업, 국가, 지방자치단체 · 0.85%	
근로자	4.5%	3.23%	실업	0.65%	
합계	9%	건강보험료 6.46%	1.55%		
		장기요양 보험료	건강보험료의 8.51%		

| 표 2 |

구분	국민연금	건강보험		고용보험	산재보험
사용자	135,000원 (4.5%)	건강보험 96,900(3.23%) + 장기요양보험료 4,120원(50%)		19,500원 · (0.65%) + 7,500원 (0.25%)	49,500원 (1.65%)
근로자	135,000원 (4.5%)	건강보험 96,900(3.23%) + 장기요양보험료 4,120원(50%)		19,500원 (0.65%)	–
합계	270,000원 (9%)	건강보험료	193,800원 (6.46%)	46,500원 (1.55%)	–
		장기요양 보험료	8,240원 (건강보험료의 8.51%)		

아르바이트생의 세금

아르바이트생의 경우 세금은 얼마나 되는 것일까? 법인사업자 또는 개인사업자로 사업자 등록이 되지 않았더라도 프리랜서, 아르바이트생 등으로 대가를 받고 일을 하면 총수령 금액의 3.3 퍼센트를 원천징수한다. 단, 3개월 미만 근로자, 일당이 10만 원 이하이면 소득세 원천징수를 하지 않는다. 사용자가 미리 세금을 떼고 월급을 지급하므로 필수로 알아두자.

얼마 되지 않는 시급에 세금까지 뗀다고 하니 억울한 생각이 들 것이다. 하지만 조금만 노력을 기울이면 냈던 돈의 일부를 돌려받을 수 있다. 5월 종합소득세 신고 기간에 납부한 소득세가 결정세액보다 많으면 세금을 환급받을 수 있다. 홈택스에 가입한 뒤 몇 가지 과정을 거치면 된다. 직접 처리하기 힘들면 종합소득세 신고 기간에 세무서를 방문하면 담당 직원이 대신 처리해준다.

① 국세청 홈택스 가입
② My NTS 항목을 통해 지급명세서, 제출내역의 메뉴 클릭 후 소득내역 확인
③ 홈택스 메인 화면에서 종합소득세 신고를 클릭 후 조회
④ 단일소득: 정기 신고 작성
⑤ 기본정보 입력
⑥ 소득세 확인

출퇴근시 상해도
산업재해다?!

출근을 하던 이상해 씨는 출근길에 빙판에 미끄러져 입원했다. 엑스레이를 찍어보니 오른쪽 팔에 금이 갔다는 의사의 소견이다. 이 경우 과연 산업재해로 신청할 수 있을까? 이전 산재보험은 사업주가 제공한 교통수단을 이용하여 출퇴근을 하다 다친 경우에만 해당되었지만 지난 1월부터 법이 개정되면서 도보나 지하철, 버스 등의 대중교통으로 출퇴근을 하다가 다친 사람도 보호받게 되었다. 산업재해의 모든 것을 파헤쳐보자.

산업재해는 업무상의 사유에 따른 근로자의 부상, 질병, 장해 또는 사망을 의미한다. 산재보험(산업재해보상보호법)은 노동자의 업무상 재해를 신속하고 공정하게 치료 및 보상하고, 재해 노동자의 사회 복귀를 촉진하며, 사업주에게 재해에 따른 일시적인 경제적인 부담을 덜어주기 위해 국가에서 관장하는 사회보험제도를 뜻한다.

적용 범위와 보상

업무상 재해가 성립하기 위해서는 노동자가 근로기준법상 근로자에 해당되어야 하고, 업무와 재해 사이에 상당한 인과관계가 있어야 한다. 또한 노동자의 고의, 자해로 인한 행위나 범죄행위 또는 그것이 원인이 되어 발생한 부상, 질병, 장해, 사망은 산업재해에 해당되지 않는다. 그러므로 이상해 씨의 경우에는 출근길에 빙판길에서 넘어지는 사고를 당했으므로 산업재해에 해당된다.

노동자가 업무상 재해를 당할 경우에 신청하는 급여가 바로 '산재 요양급여'이다. 산재 기간 중에는 평균임금의 70퍼센트에 달하는 휴업급여도 제공된다. 또 치료가 끝난 이후에 장애가 남는다면 장해급여도 받을 수 있다. 재발하면 재요양도 받을 수 있다. 이런 모든 보상은 회사가 폐업하더라도 근로복지공단에서 산재급여를 꾸준하게 받을 수 있다. 그러므로 경미한 부상이 아니라면 반드시 산재처리를 하는 것이 근로자의 입장에서 현명한 방법이다.

간혹 회사에서 산재처리를 하면 산재보험료가 할증되거나 고용노동부의 근로 감독을 받는 것을 피하기 위해 공상처리를 하는 곳도 있다. 공상처리는 산재처리를 하지 않고 회사와 합의를 하여 치료비, 휴업손해, 일실이익, 위자료 등을 받는 보상처리 방법 중의 하나이다. 이때 적은 금액으로 합의할 가능성이 높고 추후에 재해로 인한 재발병에 대한 보장은 이루어지지 않기 때문에 최대한 공상처리를 하지 말고 산재처리를 하는 것을 추천한다.

예전에는 재해근로자가 산재를 신청하려면 '재해발생 사업주 확인제도'에 따라 사업주한테 재해 발생 경위에 대한 확인을 받아야 했다. 하지만 이제는 재해근로자의 산재 요양급여 신청이 접수되면 사업주 확인 없이 근로복지공단이 직접 재해 발생 경위를 파악한다. 이러한 변화로 근로자들은 사업주 승인 없이도 산재 요양급여를 신청할 수 있어 훨씬 부담이 줄어들게 되었다.

산재 적용 사업장은 다음과 같다. 그리고 산재보험법에 따라 신속한 보상 및 치료 이후 직업훈련 등 다양한 재활서비스 혜택을 받을 수 있다.

- 건설업: 공사 금액 2천만 원 미만 또는 공사 연면적 100㎡이하 산업장에서 업무 중 사고
- 일반 사업: 상시근로자 1인 미만 사업장에서 업무 중 사고

출퇴근 산업재해

이전에는 근로자가 회사차나 회사에서 제공한 차량을 이용하던 중 발생한 사고만 산재보상이 가능했지만, 2018년 1월 1일부터는 대중교통과 자가용, 도보 등을 이용하여 통상적인 경로와 방법으로 출퇴근하는 중 발생하는 사고도 산재보상이 되고 있다.

이때 출퇴근 경로 일탈 또는 중단이 있는 경우 생긴 사고에 대하여는 출퇴근 재해로 보지 않는다. 일탈은 출퇴근 이동 과정에서 통상적인 경로를 벗어나는 행위를 말하는데, 예를 들어 카페 방문 등 사적인 용무로 출퇴근의 통상적 경로를 벗어나는 행위를 말한다. 중단은 공연 관람 등 출퇴근과 전혀 관계없는 행위를 말한다. 한마디로 '아니 도대체 왜 이 길로 간 거지?'라는 생각이 든다거나 개인적인 사유는 해당되지 않는다. 다만, 일탈 또는 중단이 일상생활에 필요한 행위로서 대통령령으로 정하는 사유가 있

는 경우에는 출퇴근 재해로 보며 4일 이상 요양해야 하는 경우에
만 산재로 인정되어 요양급여를 받을 수 있다.

하지만 출퇴근 경로 중단 시 산재를 예외적으로 인정하는 경
우도 있다.

- 일상생활에 필요한 용품 구입
- 학교 또는 직업훈련기관에서 직업 능력 개발 향상에 기여할
  수 있는 교육이나 훈련
- 선거권, 국민투표권 행사
- 아동 또는 장애인을 보육기관, 교육기관에 데려다주거나 데
  려오는 행위
- 의료기관 또는 보건소에서 진료를 받는 행위
- 의료기관 등에서 요양 중인 가족들을 돌보는 행위
- 고용노동부장관이 일상생활에 필요한 행위라고 인정하는
  행위

신청 방법
- 근로복지공단 홈페이지에서 요양급여신청서 제출
- 산재 지정 병원에서 산재 신청 요구
- 근로봉지공단 1588-0075로 연락

퇴직금 계산은
사표 내기 전에 미리미리!

자유해 씨는 3년간 다니던 직장을 그만두고 여행을 떠날 계획을 세우고 있었다. 지금까지 모아둔 여행적금과 퇴직금을 들고 떠날 계획이다. 자유해 씨는 3년 근무를 채웠으니 3개월간의 평균임금을 퇴직금으로 받을 수 있을 것이라고 생각했다. 그런데 금액이 생각보다 적었다. '어라? 계산 잘못된 거 아냐?' 자유해 씨의 퇴직금 계산은 맞는 걸까?

퇴직금이란 '근로자들의 퇴직 후 생활안정을 위해 도입된 제도'로 퇴사일을 기준으로 2주(14일) 이내에 지급되어야 한다. 그러나 대부분의 '퇴준생'들은 자신의 퇴직금이 정확히 얼마인지도 모른 채 퇴사를 준비한다. 그뿐만 아니라 자신이 퇴직금을 받을 수 있는지 여부조차 모르는 사람도 상당수이다. 자신이 퇴직금 대상자인지, 어느 정도의 금액을 받을 수 있는지 똑똑하게 알아보자.

[근로기준법 제34조(퇴직급여제도)]
사용자가 퇴직하는 근로자에게 지급하는 퇴직급여 제도에 관하여는 「근로자 퇴직급여 보장법」이 정하는 대로 따른다.

[근로자퇴직급여보장법 제1조(목적)]
이 법은 근로자 퇴직급여제도의 설정 및 운영에 필요한 사항을 정함으로써 근로자의 안정적인 노후생활 보장에 이바지함을 목적으로 한다.

[근로자퇴직급여보장법 제3조(적용 범위)]
이 법은 근로자를 사용하는 모든 사업 또는 사업장(이하 "사업"이라 한다)에 적용한다. 다만, 동거하는 친족만을 사용하는 사업 및 가구 내 고용 활동에는 적용하지 아니한다.

퇴직금 대상

퇴직금은 상시근로자 수와 상관없이 1인 이상 전 사업장에서 1년 이상 근로한 근로자에게 지급되도록 규정하고 있다. 2010년 11월 30일 이전에는 상시근로자 5인 이상 사업장에서 1년 이상 근무한 근로자에게만 지급되는 것으로 규정했으나 2010년 12월 1일부터 상시근로자 5인 미만 영세사업장에서 근무한 근로자에게도 퇴직금을 지급하도록 규정했다. 마찬가지로 1년 이상 근로한 아르바이트생도 퇴직금을 받을 수 있는데 일주일 소정근로시간이 15시간 이상인 근로자만 신청이 가능하다. 근로시간이 1주 15시간 이상이 되지 않지만 4주 동안의 근로시간을 평균냈을 때 1주 평균 소정근로시간이 15시간 이상이면 받을 수 있다. 아르바이트생의 경우 근로자뿐만 아니라 고용주도 퇴직금을 지급해야 한다는 사실을 잘 모르는 경우가 많으니 반드시 기억하도록 하자.

퇴직금 계산 방법

- 평균임금 = 사유발생일 전 3개월 동안의 임금 총액 ÷ 그 기간의 총일수
- 퇴직금 = 평균임금 × 30일 × 총 계속 근로 기간 ÷ 365일

자유해 씨의 세전 월급 200만 원, 근무 기간 3년, 자유해 씨가 받은 퇴직금은 얼마일까?

- 평균임금 = 2,000,000 × 3개월 ÷ (89~92일: 90일로 가정) = 66,666원
- 퇴직금 = 66,666원 × 30일 × 1,096일 ÷ 365일 = 6,005,419원

자유해 씨의 경우 인센티브나 연차수당을 받지 않았기에 약 600만 원의 퇴직금이 산정되었다(세금을 제하므로 실수령액은 더 적

다). 사실 자유해 씨는 한 달 전에 성과급을 100만 원 더 받아서 그 금액까지 산정하여 퇴직금을 계산했다. 퇴직금에 포함되는 인센티브의 종류를 알지 못했던 것이다. 퇴직금 산정 시 인센티브의 포함은 아래의 인센티브(성과급)의 유형 중 ①에 해당되어야 한다.

① 매월 개인의 성과로 지급받는 인센티브로 지불 규정이 단체협약이나 취업규칙 등에 명시되어 있으며 사업주가 근로자에게 계속적, 정기적으로 지급한 경우(매월 성과에 따른 인센티브, 분기별 지급되는 정기상여금 등)

② 개인 근로자의 특수하고 우연한 사정에 의하여 좌우되어 사업주가 근로자에게 단발적, 일시적으로 지급한 경우(차량 유지비, 중식대, 비정기 상여금 등)

정기상여금과 연차휴가수당이 포함된 평균임금과 퇴직금은?

- 최종 3개월간의 임금 = A
- 퇴직 전일로부터 1년간 지급된 상여금 × 3/12 = B
- 퇴직 전일로부터 전년도 연차휴가를 사용하지 못해 지급받은 연차휴가수당 × 3/12 = C
  ∴ (A + B + C) ÷ 퇴직 전 3개월간의 재직일수(89~92일) = D
- 퇴직금 = D × 30일 × 총 계속 근로 기간 ÷ 365일

퇴직금 중간 정산

2012년 7월 26일부터 퇴직금 중간 정산을 원칙적으로 금지하고 예외적으로 허용하는 법 규정이 개정되었다. 개정의 취지는 노후 재원 축적이라는 퇴직금 본연의 목적을 살리기 위한 것이다. 그러나 예외의 경우도 있다. 퇴직금 중간 정산이 해당되는 경우를 알아두고 갑자기 목돈이 필요할 경우 활용해보자. 아래의 경우로 중간 정산을 받은 근로자의 경우 정산을 받은 날로부터 1년 이내에 퇴직하더라도 최초 근로 기간이 1년을 초과했으므로 중간 정산 이후의 퇴직금을 지급받을 수 있다.

- 무주택자의 전세금(임차보증금 포함) 또는 주택 구입(1회에 한하여)
- 근로자 또는 그 부양가족이 질병, 부상에 따라 6개월 이상 요양을 하는 경우
- 최근 5년 이내에 가입자가 '채무자 회생 및 파산에 관한 법률'에 따라 파산의 선고 또는 개인회생절차 개시의 결정을 받는 경우
- 임금피크제를 실시하는 경우

실업급여로
신중하게 재취업한다

서울에서 열심히 회사를 잘 다니고 있던 열일해 씨는 청천벽력 같은 소식을 들었다. 회사가 다른 회사와 병합을 결정하면서 지방으로 이전하게 되었다는 것이다. 현재 서울 집에서 이전하는 곳까지 출퇴근을 하려면 무려 세 시간 이상이 걸린다. 자신의 의지로 회사를 그만두고 싶다는 생각을 해본 적은 없었다. 그런데 회사가 이전한다고 가족들과 떨어져 이사까지 갈 수도 없는 상황이다. 출퇴근 여섯 시간은 상상도 못할 시간이다. 열일해 씨는 어쩔 수 없이 퇴사를 고려하게 되었다. 이직을 준비해야 하는데 당장 생활비는 어떻게 충당할지 고민이다. 이 경우 열일해 씨는 실업급여를 받을 수 있을까?

실업급여란?

실업급여는 고용보험에 가입한 근로자가 실직하여 재취업 활동을 하는 기간에 지급받는 급여를 말한다. 실업급여제도의 실행으로 근로자는 실업으로 인한 생계 불안을 극복하고 재취업의 기회를 얻을 수 있다. 실업급여는 실업에 대한 위로금이나 고용보험료의 납부 대가로 지급되는 것이 아니다. 실업이라는 보험사고가 발생했을 때 취업하지 못한 기간에 대해 적극적으로 재취업 활동을 한 사실을 확인하고 지원하는 제도이다. 실업급여는 크게 구직급여와 취업촉진수당으로 구분된다. 자세한 내용은 고용보험 사이트(https://www.ei.go.kr)에서 확인 가능하다.

• 출처: 고용보험 사이트(https://www.ei.go.kr)

실업급여 대상 및 요건

구분		요건
구직급여		- 고용보험 적용 사업장에서 실직 전 18개월 중 피보험 단위 기간이 통산하여 180일 이상 근무한 자 - 근로의 의사 및 능력이 있고(비자발적 이직), 적극적인 재취업 활동에도 불구하고 취업하지 못한 상태인 자(재취업 활동을 하지 않는 경우 미지급) ※ 자발적 이직의 경우 아래의 요건에 해당되는 자 ① 근로환경 및 임금에 문제가 있는 경우: 불합리한 차별과 대우, 성희롱 등 성적 괴롭힘, 근로 조건이 달라지거나 하향되는 경우 ② 회사 경영 사정의 악화 또는 사업의 일부 폐지, 양도, 인수, 합병, 업종 전환 등으로 환경이 변하는 경우 ③ 회사(사업장)가 타 지역으로 이전하는 경우 출퇴근 시간이 왕복 3시간 이상이 될 경우 ④ 신청자 본인의 건강상 문제로 질병, 부상, 심신 장애, 체력 부족 등을 호소하며 업무 수행이 불가한 경우 ⑤ 결혼으로 인한 배우자와의 동거를 위해 거주지를 옮기고 출퇴근 시간이 왕복 3시간 이상이 될 경우
취업 촉진 수당	조기재취업 수당	- 대기 기간이 경과하고 구직급여를 지급받을 수 있는 소정 급여 일수를 30일 이상 남기고 6개월 이상 계속 고용(자영업을 영위할 것)될 것
	직업능력 개발 수당	- 실업 기간 중 직업안정기관장이 지시한 직업능력 개발훈련을 받는 경우
	광역구직 활동비	- 직업안정기관장의 소개로 거주지에서 편도 25 킬로미터 이상 떨어진 회사에 구직활동을 하는 경우
	이주비	- 취업 또는 직업안정기관의 장이 지시한 직업능력 개발훈련을 받기 위해 그 주거를 이전하는 경우
연장 급여	훈련연장 급여	- 실업급여 수급자로서 연령, 경력 등을 고려할 때, 재취업을 위해 직업안정기관장의 직업능력 개발훈련 지시에 의하여 훈련을 수강하는 자
	개별연장 급여	- 취직이 특히 곤란하고 생활이 어려운 수급자로 임금 수준, 재산 상황, 부양가족 여부 등을 고려하여 생계 지원 등이 필요한 자
	특별연장 급여	- 실업 급증 등으로 재취업이 특히 어렵다고 인정되는 경우 고용노동부장관이 일정한 기간을 정하고 동기간 내에 실업급여 수급이 종료된 자
상병급여		- 실업신고를 한 이후 질병, 부상, 출산으로 취업이 불가능하여 실업의 인정을 받지 못한 경우 - 7일 이상의 질병, 부상으로 취업할 수 없는 경우 증명서를 첨부하여 청구 - 출산의 경우는 출산일로부터 45일간 지급

앞의 도표를 보면 회사의 경영상의 이유로 어쩔 수 없이 퇴사를 하는 근로자가 아닌 자발적 퇴사자도 실업급여를 받을 수 있다는 것을 확인할 수 있다. 자진퇴사 실업급여 또한 적극적인 구직활동이 필수적이다. 매달 온라인 취업포털, 오프라인을 통해 이력서를 접수하는 등의 활동을 해야 하고 취업활동 증명서를 고용노동부에 제출해야 한다. 매달 2회의 구직활동이 필수였으나 개정 후 초기 4주차까지는 1회, 5주차부터는 월 2회의 구직활동을 해야 실업급여의 요건을 충족할 수 있다.

기존 지침에서 구직활동으로 인정되지 않았던 '어학원 수강, 시험 응시, 취업상담, 구직등록'도 재취업 활동 범위로 인정되었다. 과거 업무 관련 자격증을 따기 위해 학원을 다니는 경우에만 구직활동으로 인정되었던 것이 이제 어학까지 넓혀진 것은 취업을 목적으로 하는 다양한 능력을 배양하는 활동을 지원하게 된 것이다. 이에 따라 실업자는 보다 안정적이고 질 좋은 일자리를 적은 부담으로 준비할 수 있게 되었다.

실업급여 신청 방법

실업급여의 수급 기간은 이직일 다음 날부터 12개월 이내이므로 이직 이후 지체 없이 실업의 신고를 해야 한다. 먼저 사업주가 이직확인서와 피보험자격 상실신고서를 사업장 관할 근로복지공단 지사로 신고해야 한다. 이후 이직자가 고용보험 사이트에서 실업급여 교육을 시청한 뒤, 워크넷에 이력서를 등록한 후 구직 신청을 진행하고 거주지 관할 고용센터에 방문해서 신청서를 작성, 제출해야 한다. 수급 자격이 인정되면 매 1~4주마다 고용센터를 방문하여 실업인정 신청을 해야 한다. 최초 실업인정의 경우 수급 자격 인정일로부터 7일간은 대기 기간으로 실업급여를 지급하지 않는다.

실업급여 계산 방법

- 평균임금 = 사유 발생일 전 3개월 동안의 임금 총액 ÷ 그 기간의 총일수
- 구직급여 = 퇴직 전 평균임금 50퍼센트 × 소정 급여 일수 = 1일 지급 금액×지급 기간

기존에는 평균임금의 50퍼센트를 90~180일 동안 지원했는데 2019년부터는 평균임금의 50퍼센트를 90~240일 동안 지원하도록 확장되었다. 또한 실업급여의 상한액도 현행 6만 원에서 10퍼

센트 상승된 66,000원으로 올라 실업급여를 한 달 최대 2,046,000원까지 받을 수 있게 되었다. 실업급여를 받을 수 있는 기간은 퇴직 당시 연령과 고용보험 가입 기간, 월급 등에 따라 90~240일로 개인에 따라 다르게 적용된다. 연령이 높을수록, 고용보험 가입 기간이 길수록 수급 기간이 늘어난다.

구직급여 지급액 = 퇴직전 평균임금의 50% X 소정급여일수

단, 구직급여는 상한액과 하한액이 아래와 같이 설정되어 있습니다.
- 상한액 : 이직일이 2019년 1월 이후는 1일 66,000원 (2018년 1월 이후는 60,000원 / 2017년 4월 이후는 50,000원 /
  2017년 1월~3월은 46,584원 / 2016년은 43,416원 / 2015년은 43,000원)
- 하한액 : 퇴직 당시 최저임금법상 시간급 최저임금의 90% X 1일 소정근로시간 (8시간)
* 최저임금법상의 시간급 최저임금은 매년 바뀌므로 구직급여 하한액 역시 매년 바뀝니다.
  (2019년 1월 이후는 1일 하한액 60,120원 / 2018년 1월 이후는 54,216원 / 2017년 4월 이후는 하한액 46,584원 /
  2017년 1월~3월은 상하한액 동일 46,584원 / 2016년은 상하한액 동일 43,416원)

➤ 구직급여의 소정급여일수

연령은 퇴사 당시의 만 나이입니다.

연령 및 가입기간	1년 미만	1년 이상 3년 미만	3년 이상 5년 미만	5년 이상 10년 미만	10년 이상
30세 미만	90일	90일	120일	150일	180일
30세 이상 ~ 50세 미만	90일	120일	150일	180일	210일
50세 이상 및 장애인	90일	150일	180일	210일	240일

* 장애인이란 「장애인고용촉진 및 직업재활법」에 따른 장애인을 말합니다.

• 출처: 고용보험 사이트(https://www.ei.go.kr)

근무 기간 3년, 월급 세전 350만 원인 만 33세 열일해 씨의 실업급여는?

• 평균임금 = 3,500,000 × 3개월 ÷ (89~92일: 90일로 가정) = 116,666원
• 1일 상한액: 66,000원/1일 하한액: 60,120원(2019년도 기준)
• 구직급여 = 60,120원 × 150일 = 9,018,000원
• 월 평균 지급 금액 = 1,803,600원

청년내일채움공제로 목돈 마련하기

단순해 사원과 똑똑해 사원은 친구 사이이다. 같은 시기에 취업에 성공했다. 중소기업이지만 그래도 미래 성장 가능성이 충분해 보이고 하고 싶었던 직무였기에 둘은 회사생활에 만족했다. 그런데 3년이 지난 어느 날 똑똑해 사원이 단순해 사원을 만나 적금이 만기되었다며 밥을 한 끼 산다는 것이 아닌가?

"나, 이번에 내일채움이 만기돼서 3천만 원 목돈이 생겼어. 오늘 밥은 내가 살게! 이 돈으로 무얼 하면 좋을까? 차를 살까 전셋집으로 이사를 가는 게 좋을까?"

단순해 사원은 갑자기 그 큰 목돈이 어떻게 생겼는지 물었다. 청년내일채움공제에 대해 전혀 모르고 있었던 것이다! 3년이라는 시간을 뒤로 돌리고 싶었다. 그리고 이직을 하지 않는 이상 이 상품에 가입할 수 없다는 것을 알게 되고는 이직을 심히 고려하고 있다. 이제 곧 승진도 될 것 같은데 3천만 원 받자고 지금까지 쌓아놓은 경력과 직장을 떠나야 한다는 말인가? 이처럼 청년들을 위한 정부지원 정보는 제때 알고 제때 사용해야 얻을 수 있다.

1. 청년내일채움공제란?

'청년내일채움공제'는 중소, 중견기업에 정규직으로 취업한 청년들에게 장기근속과 목돈 마련의 기회를 제공하고 기업에게는 우수 인재를 확보할 수 있도록 지원하는 제도이다. 고용노동부와 중소벤처기업부가 공동으로 운영하는 사업으로 신규 입사자에게는 2년형, 3년형이 있다. 그렇다면 단순해 사원처럼 기존 재직 청년에게는 이런 혜택이 없는 걸까? 아니다. 기존 재직 청년에게도 목돈을 만들어주는 상품이 있다. 바로 '내일채움공제'이다. 대신 이 상품은 5년형으로만 상품에 가입할 수 있다. 본 상품이 적용되는 연령은 만 15세 이상 34세 이하이며 군필자의 경우 복무 기간

(약 2년)을 추가하여 만 36세까지 적용하되 최고 만 39세로 한정된다. 청년내일채움공제 2년형은 총 1,600만 원, 3년형은 3천만 원의 목돈을 만들 수 있고, 내일채움공제 5년형도 3천만 원의 목돈을 만들 수 있다.

'청년내일채움공제', '내일채움공제'는 일생 단 한 번만 신청이 가능하다. 그러므로 좋은 상품이라고 성급하게 가입해서는 안 된다. 이직하고 싶은 회사인데 이 상품을 가입해서 족쇄처럼 묶일 수도 있으니 말이다. 그러므로 가입하는 상품의 기간이 길수록 신중해야 한다. 또한 본 상품을 가입할 수 있는 기업의 조건도 별도로 명시되어 있으니 본 상품에 가입하고 싶다면 조건을 충족하는 회사가 맞는지 먼저 확인하고 입사를 결정하는 것이 좋다.

1) 청년내일채움공제(신규 입사자 2년형/3년형)

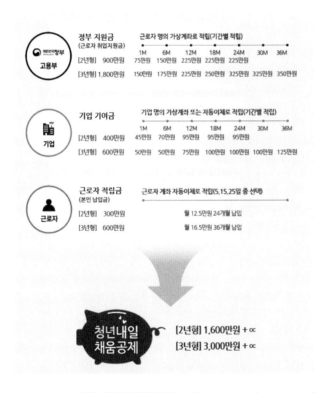

• 출처: 청년내일채움공제 (https://www.work.go.kr/youngtomorrow)

〈청년 혜택〉

※ 최소 2~3년간 동일 사업장에 근무하면서 경력 형성의 기회와 미래 설계의 기반을 마련할 수 있음

※ 만기 후 중소벤처기업부의 내일채움공제(3~5년)로 연장 가입 시 최대 8년의 장기적인 목돈 마련이 가능

〈기업 혜택〉

※ '인재육성형 전용자금' 지원 대상으로 편입 등 중소벤처기업부 49개 사업 참여 시 혜택을 받을 수 있음

※ 잦은 이직으로 인해 인력난이 심각한 중소기업의 우수 인력 고용 유지 기회

2) 내일채움공제(기존 재직자 5년형)

적립 구조								
								(단위 : 만원)
	소계	1개월	6개월	12개월	18개월	24개월	30개월	36개월	~60개월
본인납입	720	매월 12 × 60개월 = 720							
기업납입	1,200	매월 20 × 60개월 = 1,200							
정부지원	1,080	120	120	150	150	180	180	180	-

• 출처: 내일채움공제(www.sbcplan.or.kr)

2. 청년내일채움의 종류

기준		상품	청년내일채움공제		내일채움공제
			2년형	3년형	5년형
지원대상	청년	연령	– 만 15세 이상 34세 이하 – 군필자의 경우 복무 기간에 비례하여 참여 제한 연령을 연동하여 적용하되 최고 만 39세로 한정		– 만 15세 이상 34세 이하
		고용보험이력	– 정규직 취업일 현재 고용보험 가입 이력이 없거나 최종학교 졸업 후 고용보험 총 가입 기간이 12개월 이하. 단, 3개월 이하 단기 가입 이력은 총 가입 기간에서 제외 * 방송, 통신, 방송통신, 사이버(원격대학), 학점은행제, 야간대학, 대학원은 제외 – 다만, 고용보험 총 가입 기간이 12개월 초과자이더라도 최종 피보험자격 상실일로부터 실직 기간이 6개월 이상인 자는 가능		– 중소, 중견기업에 6개월 이상 재직 중인 청년 정규직 근로자 * 가입 제외 대상 – 해당 기업의 최대주주, 최대출자자 (대표자) – 위에 해당하는 자의 배우자, 직계비속, 형제, 자매 – 정부 및 지방자치단체에서 시행 중인 자산형성 지원 사업에 참여 중이거나 지원금을 수령한 자(청년내일채움공제, 희망두배청년통장, 청년연금, 청년마이스터 통장 등)
		학력	– 제한은 없으나 정규직 취업일 현재 고등학교 또는 대학 재학, 휴학 중인 자는 제외		– 대한민국 국적이 아닌 외국인 – 세법에 따른 사업자등록을 한 자 – 타 기업 대표를 겸하는 자
	기업		– 고용보험 피보험자수 5인 이상 중소, 중견기업(소비향락업 등 일부 업종 제외) – 벤처기업, 청년 창업기업 등 일부 1인 이상~5인 미만 기업도 참여 가능		– 「중소기업기본법」 제2조 제1항(중소기업자의 범위)에 따른 중소기업 – 「중견기업 성장촉진 및 경쟁력 강화에 관한 특별법」 제17조의 3항(인력지원 등에 관한 특례)에 따른 중견기업
지원내용	청년		– 청년: 2년간 300만 원(매월 125,000원 적립) – 정부: 900만 원 – 기업: 400만 원	– 청년: 3년간 600만 원(매월 165,000원 적립) – 정부: 1,800만 원 – 기업: 600만 원	– 청년 5년간 720만 원 (매월 12만 원 적립) – 정부: 3년간 1,080만 원 – 기업: 5년간 1,200만 원 – 세재 혜택: 기업 납입분에 대한 근로소득세 감면(50%)
	기업		– 2년간 채용 유지 지원금 500만 원 지원(이 중 400만 원은 청년재직자에게 적립)	– 3년간 채용 유지 지원금 750만 원 지원(이 중 600만 원은 청년재직자에게 적립)	– 3년간 채용 유지 지원금 1,080만 원 지원(청년 재직자에게 적립) – 세제 혜택: 기업 납입분은 전액 손금 산입 및 세액공제(25%)
만기 공제금			2년 만기 1,600만 원 + 이자	3년 만기 3,000만 원 + 이자	5년 만기 3,000만 원 + 이자

3. 청년ㆍ내일채움 신청 방법

1) 청년내일채움공제

① 워크넷-청년공제 홈페이지(www.work.go.kr/youngtomorrow)에서 참여 신청

② (운영기관의 워크넷 승인 완료 후) 중소벤처기업진흥공단 홈페이지(www. sbcplan.or.kr)에서 청약 신청

※ 정규직 취업일(채용일) 전후 3개월 이내 중소벤처기업진흥공단에 신청해야 함

※ 문의처: 고용노동부 고객상담센터(국번 없이 1350)

　(1350 → 2번 고용, 노동 분야 상담 → 5번 청년내일채움공제)

2) 내일채움공제

• 온라인: 내일채움공제 홈페이지(www.sbcplan.or.kr)

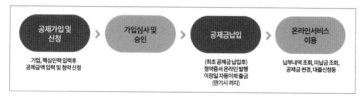

• 오프라인: 중소벤처기업진흥공단 지역본부·지부, 기업은행

• 출처: 내일채움공제(www.sbcplan.or.kr)

※ 문의처

– 중소벤처기업부(1588–6259)

– 청년재직자 내일채움공제 상담센터(1588–6259)

– 중소벤처기업진흥공단 지역본(지)부

· PART 5 ·

사회초년생
생존 족보

이력서 빈칸
잘 채우는 법

구인/구직 사이트

보통 구직활동을 할 때는 대부분 관련 사이트나 어플리케이션을 사용한다. 마이페이지에 이력서와 자기소개서를 한 번만 등록시켜두면 지원하기 버튼 하나로 몇 번이고 편하게 지원이 가능하기 때문이다. 취업 컨설턴트로 일하면서 나는 수많은 취업용 입사지원서를 컨설팅하고 첨삭하며 인사담당자가 좋아하는 이력서의 특징들을 파악을 할 수 있었다. 시중에서도 이력서와 자소서 관련으로 나와 있는 책이 많기 때문에 본 저서에서는 핵심적인 부분만 다루도록 하겠다. 5장에 나와 있는 부분만 신경 써서 이력서를 작성한다면 최소 지원 대비 30퍼센트의 면접 기회는 얻을 수 있을 것이라고 자신한다(보통 취업 컨설팅 시 지원 대비 10퍼센트의 면접을 평균으로 잡는다. 지원 회사 열 개, 면접 연락 한 개).

이력서 작성하기

사진

이력서에서 인사담당자가 가장 먼저 보는 것은 바로 사진이다. 사진은 나의 이력서를 대표하는 얼굴이므로 이력서용 사진은 반드시 비용이 발생하더라도 스튜디오에 가서 전문가의 손길을 거치는 것을 추천한다. 배경은 보통 밝은 하늘색이나 파란색이 좋지만 그때의 유행에 따라 흰색이나 회색을 하는 경우도 있으니 전문가의 추천을 받는 것도 좋겠다. 또한 머리는 최대한 깔끔하게 만지고 여자는 단정하게 머리를 묶는 것을 추천한다. 보통 신입일 경우 올림머리를 많이 하고 경력/이직의 경우 내림머리도 사용하니 참고하기 바란다. 그리고 옷은 흰색 브라우스나 셔츠 그리고 검정색 슈트를 걸치고 촬영을 하는 것이 가장 모던하다. 호감형 인상을 위해 눈과 입은 살짝 미소를 머금는 표정을 연습하고 가도록 하자. 요즘에는 메이크업과 헤어, 의상까지 모두 갖춘 토탈 스튜디오가 많이 있으니 미리 예약하고 가면 한 번에 이력서용 사진 준비의 모든 것을 해결할 수 있을 것이다. 이력서용 사진에서 주의할 것은 너무 현실과 다른 포토샵 보정이다. 아무리 예쁘고 멋진 외모의 사진이라 해도 현실적인 내 모습과 이질감이 커지면 면접 시에 떨어질 확률이 99퍼센트임을 명심하자. 최대한 나의 본 이미지를 살리고 나의 강점을 부각시키는 이력서용 사진을 찍도록 하자.

주소

인사담당자가 구직자의 주소를 중요하게 보는 이유는 바로 근태와 연결되기 때문이다. 신입 직원이 회사에 적응하기 위해서 가장 중요한 요소 중의 하나가 바로 출퇴근 거리라고 생각하기 때문에 보통 한 시간 이내에서 거주하는 지원자들의 이력서만 걸러낸다. 한 시간 이상 거리의 지원자는 자소서를 보지도 않고 넘어가는 경우가 많다. 그렇기 때문에 만약 당신이 회사 근처에서 자취를 할 계획이 있다면 주소 옆에 '이사 예정' 또는 '자취 가능' 이라고 적어두는 것이 좋다. 자취할 계획은 없으나 두 시간 출근 거리도 거뜬 없다는 것을 어필하고 싶다면 주소 뒤에 '근태 문제 없음' 또는 '통근 가능'을 반드시 적어두고 자기소개서에 이와 관련된 내용을 기재하도록 하자. 인사담당자의 눈길이 주소를 통과해야 자기소개서까지 넘어갈 수 있으니 말이다.

연락처

보통 이력서에는 연락처를 기재하는 칸으로 전화와 핸드폰이 있다. 요즘은 집 전화를 사용하지 않는 1인 가구가 많기 때문에 집 전화 칸을 비워두는 경우가 많은데 그렇게 되면 본인이 연락을 못 받는 상황에 대처할 수 없게 된다. 친절한 인사담당자라면 전화가 연결되지 않을 때 지원자에게 문자를 남겨두거나 체크 후에 다시 연락하겠지만 행여 '이것은 인연이 아니다'라고 생각하고 다음 지원자로 넘어가 면접을 잡을 수도 있으니 빈칸을 두는 것은 자신에게 크나큰 손해가 될 수 있음을 기억하자. 그러므로 집 전화를 기재하는 란이나 추가 연락처를 기재하는 란에 부모님의 핸드폰 번호를 하나 더 기재해두어야 만일의 상황에 대비할 수 있다는 것을 반드시 기억하자.

취미/특기

취미/특기 칸은 비워두거나 일반적으로 TV 시청, 게임, 맛집 탐방 등 소비지향적인 단어로 채우는 경향이 많다. 하지만 자신이 지원하고자 하는 기업에서 요구하는 역량으로 취미/특기 칸을 채우면 다른 지원자보다 호감으로 평가될 가능성이 높다. 예를 들어 경영지원/회계팀에 지원하는 지원자가 취미/특기 칸에 '게임'이란 단어를 적는 것보다는 취미에 '가계부 작성', 특기에 '무거운 입' 또는 '적재적소 물품 관리'라고 채워두면 훨씬 더 이력서가 통과될 수 있는 가능성을 올릴 수 있다. 혹은 다른 구직자들과 차별화된 자신만의 취미/특기를 기재해두면(예를 들어 '맛집 가서 매출 계산하기, 유튜브 영상 만들기') 신기해서라도 '이 친구 한번 만나보고 싶군'이라는 생각이 들게 할 수도 있다. 자신의 합격 가능성을 1퍼센트라도 올리고 싶다면 이 부분까지 신경 쓰는 센스 있는 구직자가 되자.

경력 사항

경력 사항에는 관련 경력 사항을 기재하는 것이 가장 좋겠지만 그렇지 않다 할지라도 6개월 이상 근무한 것 위주로 기재하는 것이 좋다. 이때 가장 최근에 했던 경력을 맨 위로 정렬하여 근무 기간이 뒤죽박죽 된 경력 사항이 되지 않도록 신경 써서 기재하자. 그리고 경력 사항에서 자신이 담당한 업무를 기재할 때는 수치를 활용하여 작성하면 인사담당자가 지원자의 능력도를 가늠할 수 있으니 이 점도 기억해두자. 간혹 경력 사항을 거짓말로 기재하는 지원자들이 있는데 인사담당자는 절대 그런 꼼수에 속지 않는다. 꼼꼼한 인사담당자는 당신이 어디서 어떻게 근무했는지, 경력 사항을 보고 그 회사에 전화를 걸어 확인할 수도 있다는 점을 명심하고 절대 거짓말로 적지 말고 정직하게 기재하자.

자격증

자격증도 경력 사항과 마찬가지로 최신 취득한 것을 맨 위에 기재하도록 한다. 그리고 발급일과 발급 기관까지 정확하게 기재하도록 하자. 몇몇 구직자들은 귀찮다고 발급일을 대충 적는 경우가 있는데 취업을 대비하는 입장이라면 숫자 하나도 꼼꼼하게 체크하는 버릇을 미리 들여놓는 것이 좋다. 간혹 꼼꼼한 인사담당자는 기재한 날짜가 첨부된 자격증 사본과 일자가 맞는지도 확인할 수 있고, 발급일이 다르거나 주말로 적혀 있을 경우 이 지원자는 꼼꼼하지 않다고 생각해서 패스하는 경우도 있다. 그리고 자격증이 여섯 개 이상으로 많이 있다면 자신이 지원하고자 하는 직무와 관련된 자격증을 상위로 적는 것이 좋고, 자격증이 없다면 운전면허증이나 직무와 관련 없는 자격증이라도 기재를 해두고 자기소개서에서 앞으로 경력 관리를 어떻게 해나갈 것인지에 대한 구체적인 경력 개발 계획을 밝히는 것을 추천한다.

포트폴리오

지원하는 직무마다 포트폴리오가 필요할 수도 필요하지 않을 수도 있다. 대부분 디자인 계열에서 포트폴리오는 필수적인 중요 요소이므로 이력서를 보충하는 것이 좋다. 편집 디자인 분야로 진로를 준비하는 학생이라면 진로를 관리할 때 타이포그래픽이나 인포그래픽으로 이력서를 작성하는 팁을 쓸 것을 권한다. 본인의 강점 능력과 활용할 수 있는 디자인 툴에 대한 능숙도를 시각화하여 표현한 이력서를 작성하면 디자인 분야에서 굉장히 경쟁력 있는 이력서로 돋보일 수 있다.

디자인 계열이 아니더라도 포트폴리오가 강력하게 작용하는 경우도 있다. 예를 들면 마케팅 부서에 지원하는 지원자가 본인이 운영하는 블로그나 유튜브 링크 한 줄을 포트폴리오로 첨부하는 것이다. 몇 명의 방문자와 구독자가 있는지에 따라서 그 한 줄이 작용하는 위력은 정말 남다르게 느껴질 것이다. 요즘은 마케팅 분야뿐만 아니라 경영/기획 또는 서비스 분야에서도 SNS 매체 활용 능력이 뛰어난 친구들이 환영받는 시대이다. 어느 한 특정 플랫폼을 꾸준히 키워서 당신만의 스토리와 지식들을 쌓아놓은 링크 이력서를 미리 준비해놓는다면 분명 큰 경쟁력으로 작용하게 될 것이다.

자기소개서는
러브레터 쓰듯이

나는 자기소개서를 이렇게 표현한다. 기업에게 보내는 '러브레터'라고. 당신은 러브레터를 써본 경험, 혹은 받아본 경험이 있는가? 그렇다면 자기소개서를 어떻게 써야 하는지 감을 잡을 수 있을 것이다. 러브레터는 상대에게 나의 매력을 최대한 어필하여 글로 표현하는 매체이다. 그리고 나의 마음을 고스란히 잘 전달되도록 표현하려 애쓰는 매체이기도 하다. 사람들은 사랑의 편지를 쓸 때, 상대가 무엇을 좋아하고 상대의 어떤 모습이 자신의 마음에 들어왔는지를 마음껏 표현한다. 자기소개서도 마찬가지이다. 기업이 받는 러브레터라고 생각하고 기업의 어떤 모습이 당신으로 하여금 지원하게 만들었고 당신이 앞으로 이 기업과 함께하고 싶은 마음이 들게 만들었는지, 그 이유를 정확하고 확실하게 설명해야 한다. 그래야 기업도 당신을 앞으로 함께할 동반자로 선택할지 말지를 결정할 수 있다. 가장 크게 많이 사용하는 자기소개서 항목의 주제를 선별하여 기업에 매력을 어필할 수 있는 방법을 소개하도록 하겠다.

성장 과정: 자신의 주체성 드러내기

많은 구직자들이 착각하는 일이 바로 자신의 성장 과정을 단순히 일기 형식으로 적는 일이다. 이 같은 발상은 우리가 어려서부터 익숙한 글이라고는 일기밖에 써본 경험이 없기 때문에 일어난다. 우리는 아무 데나 쉽게, 너무나도 편하게 일기 형식을 써서 성장 과정을 서술하는 경향이 있다. 하지만 자기소개서에서 성장 과정은 당신의 일대기를 적는 항목이 절대 아니다. "안녕하세요. 저는 1990년 따뜻한 5월에 강원도 속초에서 태어나 부모님과 동생과 화목한 집안에서 자라온 ○○○입니다" 하는 식의 글쓰기에 익숙했다면 당신은 어떤 곳에서도 면접의 기회를 잡을 수 없을 것이다. 잠시 눈을 감고 당신이 지금까지 살아온 인생을 파노라마처럼 떠올려보자. 그리고 당신이 살아온 그 삶 속에서 특별했던 사건, 감동받았던 사건, 당신 인생의 터닝 포인트가 되었던 사건을 뽑아보자.

다음으로 중요한 것은 그 사건 속에서 주인공이 바로 '나'가 되어야 한다는 것이다. 간혹 "아버지께서 '시간은 금이다. 다시는 돌아오지 않는다'라고 말씀해주셔서 저는 늘 시간을 귀하게 여기며 살아왔습니다"라는 식의 자소서를 적는 친구들이 있다. 여러분은 이 문장을 읽고 주인공이 '나'로 보이는가? 여기서 주인공은 '나'가 아니라 '아버지'가 된다. 아버지의 조언을 통해 '나'가 어떤 상황에서 어떻게 행동했는지 그리고 어떤 결과와 교훈을 얻었는지에 대한 서술이 없다면 이것은 자신을 위한 자기소개서가 아니라 아버지를 위한 자기소개서가 된다. 어떤 항목이든지 타인을 빛나게 하지 말고 자신을 빛나게 할 수 있는 서술 방법을 사용하도록 하자.

학창 시절: 대인관계 성향 드러내기

학창 시절 항목은 자신이 어떻게 타인과 어울리는 성향인지를 드러내는 항목이다. 주도적으로 사람들을 이끄는 것을 좋아하는지, 누군가를 옆에서 꼼꼼하게 서포트하는 것을 좋아하는지, 친구들의 고민을 상담하고 들어주는 것을 좋아하는지 등 사람마다 대인관계에서 자기만의 강점이라고 느끼는 부분이 분명히 존재할 것이다. 그런 점들을 극대화하여 본인의 에피소드와 함께 풀어내면 된다. 잘 모르겠다면 이 질문에 답보자.

Q: 친구들이 당신을 어떻게 생각하는가?

Q: 선생님이 당신에게 어떤 칭찬을 해주셨는가?

학창 시절 주변 친구들이 나를 부르는 별명이자 애칭은 바로 '엄마'였다. 이 별명은 내가 친구들을 잘 배려하고 챙겨주며 상담을 잘해주는 강점을 지닌 아이라는 사실을 잘 드러내주었다. 생각해보면 그런 성향이 지금의 나를 만든 것도 같다. 타인에게 영향력을 끼치는 일이 나에게는 너무나도 큰 보람과 행복으로 느껴졌다. 따라서 지금 취업 컨설턴트로서 20대들에게 취업과 사회생활에 대한 도움을 주는 일에 나는 큰 보람과 행복을 느끼고 있다. 당신은 친구들에게 어떤 별명으로, 어떤 이미지로 각인되어 있는가? 당신은 친구들 혹은 지인들과의 관계에서 어떤 역할을 할 때 행복을 느끼는가?

성격의 장단점(인성 역량): 강점 키워드 세 가지

성격은 한마디로 자신의 성향과 행동 패턴을 키워드로 담아서 표현하는 것을 나타낸다. 예를 들어 나의 강점 키워드는 '꼼꼼함, 행동력, 나누기 위한 배움'으로 꼽을 수 있다. 자신을 딱 세 단어로 표현하는 것이 어렵다면 처음에는 열 가지 단어로 뽑아낸 뒤 점점 하나씩 추려가면서 세 개로 만들어보자. 자신이 생각하는 강점도 있겠지만 타인이 바라보는 강점도 있을 수 있으니 주변에 물어보는 것도 좋다.

그리고 여기서 중요한 것은 강점 키워드를 뽑아낸 뒤 그 키워드를 누가 들어도 수긍할 수 있는 마땅한 근거(에피소드, 자료)로 제시할 수 있어야 한다는 것이다. 예를 들어 나의 강점 중에 '꼼꼼함'에 대한 에피소드를 얘기해보자면, 나는 항상 나의 스케줄을 스마트폰 달력에 기록하고 매일 해야 할 일들을 메모에 적어둔다. 이뿐만 아니라 나는 지난 13년 동안 읽었던 도서 목록을 엑셀 파일에 정리해두었고 18년 동안 관람한 영화 리스트를 정리해두었다. 최근 시작한 것 중 하나는 식단 관리인데 매일 먹은 음식의 칼로리를 기록하며 나만의 건강 프로젝트로 식단 일지 파일을 만들어 꾸준히 작성하고 있다. 이것도 벌써 6년째 지속하고 있는 나의 습관 중 하나이다. 어떤가? 내가 나의 강점으로 생각하는 '꼼꼼함'에 대해 나를 한 번도 만나보지 않았지만 이 글을 읽으면 당신도 수긍이 되지 않는가?

예를 들어 '누가 누가 꼼꼼한가?'를 뽑내는 대회가 열렸다고 생각해보자. 이 대회에서 당신은 1등을 할 자신이 있는가? 1등을 할 자신이 있을 정도로 자신을 나타내는 키워드에 자신감이 있다면 그것이 바로 당신의 키워드이다. 나는 적어도 '꼼꼼함'이라는 키워드에 대해서 그런 자신감이 있다. 당신의 강점은 무엇인가? 당신을 모르는 사람이 들어도 '와 이 사람 정말 대단하다. 남다르다'

라는 생각이 들 수 있도록 이야기할 수 있는 강점이 있는가?

솔직히 따져보면 그렇게 어려운 일도 전문적인 지식이 필요한 일도 아니지만 나는 나의 '꼼꼼함'이라는 강점을 활용하여 나의 삶을 아주 구체적으로 관리하고 운영해가고 있다. 나의 삶을 주체적으로 살아가는 주인공이란 바로 이런 것이라고 생각한다. 나의 강점이 무엇인지 알고 그 강점을 나의 성장과 발전을 위하여 끊임없이 활용하는 사람, 꾸준한 습관으로 만들어가는 사람, 결국 그런 사람이 인생의 승리자로 남게 될 것은 당연한 일 아닐까?

경력 사항: 정직하게 공헌도를 어필하자

아르바이트를 많이 해본 친구들이라면 경력 사항이 다른 지원자보다 강점으로 작용될 수 있다. 다양한 분야를 접해보았든 한 가지 분야를 꾸준하게 오랫동안 해왔든, 경력 사항은 꼼꼼히 채울수록 자신에게 경쟁력을 준다는 것을 반드시 기억하도록 하자. 하지만 여기서 일주일, 한 달 정도의 단기 아르바이트는 적지 않는 것이 좋다. 최소 방학 기간인 2~3개월 또는 6개월 정도 되는 아르바이트 경력을 기재하는 것이 좋다. 상호명에 이름과 지점을 같이 넣어주고 내용에는 간단하게 자신이 했던 업무를 기재하면 된다. 이 부분에서도 수치를 활용하면 한눈에 파악하기 쉬우니 참고하도록 하자. 샘플을 예시로 들어서 설명하겠다.

- 상호: 스타벅스 강남점
- 내용
  - 겨울방학 3개월(2017년 12월~2018년 2월) 평일 월~금 8시간씩 근무 (주 40시간)
  - 음료 및 커피 제조, 브런치 조리
  - 손님 응대 및 매장 청결 관리
  - 매주 1회 재고 관리(300여 개 제품의 입주/입고 관리, 폐기물 최소화)
  - 2018년 1월 이달의 우수사원 표창
  - 2018년 2월 전달 대비 동시간대 매출 10퍼센트 상승

이와 같이 자신이 평일 근무였는지 주말 근무였는지, 하루에 얼마나 일을 했는지가 명확하게 보이도록 작성하는 것이 가장 좋다. 게다가 전달 대비 동시간대 매출을 10퍼센트 상승시켰다는 것은 평소에 그냥 일만 하는 것이 아니라 수시로 포스기에서 보이는 매출을 체크하면서 매출의 상태를 점검했다는 말이기도 하다. 별것 아니지만 이런 내용을 통해 경영의 마인드까지 갖춘 직원이라는 점을 어필할 수 있다. 또한 재고 관리를 통해 어떤 제품을 얼마만큼, 언제 주문서를 넣어야 폐기 처리를 최소화할 수 있는지에 대한 개념이 있는 사원이라는 것을 경력 내용만으로도 파악할 수 있다. 이 한 줄이 당신을 플러스로 만들 수도 마이너스로 만들 수도 있다는 것을 명심하자.

마지막으로 경력 사항에서 가장 중요한 것은 바로 과장된 내용이나 허위 사실을 기재하면 안 된다는 것이다. 실제로 인사담당자가

경력 사항을 보고 그 지점에 전화에서 당신의 평판과 근무 사실을 물어볼 수도 있다는 것을 명심하라. 인생을 쉽게 살고자 거짓말하기 시작하면 그 인생은 걷잡을 수 없이 낭떠러지로 떨어지기 마련이다. 적어도 이 책을 읽고 있는 당신이라면 최선을 다해서 정직하게 일하고 정직하게 평가받는 사람이 되기 바란다. 그런 당신이야말로 추후 대한민국을 이끌어갈 수 있는 리더가 될 수 있다고 믿는다.

지원 동기: 기업 중심 vs 직무 중심

지원 동기는 두 가지 테마로 분류될 수 있다. 첫 번째는 기업 중심으로, '내가 ○○○(기업)에 지원한 이유'를 명확하게 밝히는 것이다. 두 번째는 직무 중심으로, '그 직무에 지원한 이유, 그 일에 대한 열정'을 밝히는 것이다. 이에 대한 이해가 없으면 자소서에서 가장 적기 힘든 곳이 바로 지원 동기와 입사 후 포부이다. 그렇기 때문에 이 질문에 대한 확실한 자신만의 답을 내릴 수 있어야 한다.

기업 중심 지원 동기

우리나라의 아름다움을 위해 다양한 화장품 브랜드를 이끌고 있는 아모레퍼시픽에서 저의 첫 사회생활을 시작하고 싶습니다. 저는 중학생 시절 핑크빛이 가득한 에뛰드를 통해 처음으로 화장품을 접하게 되었습니다. 에뛰드는 여성의 감성을 저격한 인테리어와 저렴한 가격으로 저와 제 친구들 사이에서 항상 인기가 많은 브랜드였습니다. 제 생애 첫 틴트를 고르던 날 저는 너무나도 설레는 마음으로 친구들과 행복한 고민을 했고 그렇게 갖게 된 ○○○ 13호 틴트로 저는 제 삶에 더 큰 활력을 찾게 되었습니다. 그리고 이렇게 누군가의 마음을 설레게 만들어주고 삶을 더 아름답게 가꿔주는 일을 하고자 저는 아모레에 지원하게 되었습니다. 앞으로 저는 저와 같이 처음 화장품을 전하는 10대 소녀들에게 제가 처음 경험했던 미에 대한 관심과 행복을 전해주는 직원이 되어 아모레에서 꼭 일하고 싶습니다. 감사합니다.

직무 중심 지원 동기

저는 청소년기부터 친구들 사이에서 '화장품 조언자'였습니다. 다양한 화장품 브랜드를 섭렵하고 있을 뿐 아니라 각 제품의 장단점을 잘 꿰고 있어서 친구들의 피부 상태에 맞게 적절한 화장품을 추천해줄 수 있었기 때문이지요. 친구에게 맞는 화장품을 추천해주고 피부 톤에 맞는 색깔을 골라주는 일은 제게 무척 즐거움을 주었습니다. 또한 틴트도 쉐도우도 항상 색깔별로 다양하게 구입하여 여러 가지 화장법을 시도해보며 개인적으로 뷰티 블로그도 운영해왔습니다. 지금 제 블로그는 일 방문자 1만 명을 돌파하였고 유튜브에서도 뷰티 크리에이터로 활동하며 뷰튜버라는 새로운 직종을 만들기도 했습니다. 현재 저의 유튜브 구독자는 10만 명입니다. 하지만 1인 기업으로 혼자서 할 수 있는 범위는 매우 제한적이라는 것을 익히 잘 알기에 이제는 저의 이런 재능을 아모레와 함께 펼쳐보고 싶습니다. 그 누구보다 아모레의 화장품에 대한 특징을 잘 파악해낼 수 있고 트랜드에 맞는 신제품 개발에 앞서 뷰티 문화를 선도해나갈 자신이 있습니다. 감사합니다.

위의 예화는 내용은 조금 식상할 수 있지만 여러분의 이해를 돕기 위해 간략하게 소개해본 지원 동기 사례이다.

예화에서 보면 알 수 있듯이 기업 중심은 내가 그 기업(매장)에 대한 기본적인 상식과 경험이 있어야 적기 쉽다. 그 기업(매장)이 주변에서 어떤 평판과 인지도를 갖고 있는지, 최근의 뉴스 기사는 무엇인지, 내가 그곳에 방문했을 때의 기억은 어떠했는지 그리고 그 기업에서 내가 어떤 강점을 발휘할 수 있는지를 중심으로 서술하면 된다. 직무 중심으로 적을 때는 내가 이 일에 얼마나 적합한 사람인지를 어필하는 것이다. 내가 직무에 대한 역량이 어느 정도 있는지, 이 일을 얼마나 즐거워하는지, 이에 대한 나의 경험과 에피소드를 풀어내면 된다. 이 두 가지 테마 중 무엇이 더 강력한지에 대한 기준은 없지만 내가 꼭 가고 싶은 기업(매장)이 있는 것이 아니라면 직무를 먼저 선정하고 직무 중심으로 적은 후에 지원해볼 것을 추천한다.

입사 후 포부: 저는 ~한 직원이 되겠습니다!

입사 후 포부는 말 그대로 입사 후에 어떤 직원이 되겠다는 포부, 다짐을 밝히는 것이다. 내가 일을 할 때 어떻게 일을 하는 사람이며 사람들과는 평상시에 어떻게 지내는 사람인지, 일을 시작하면 얼마나 빨리 적응할 수 있는지 등을 본인의 경험에 빗대어서 정직하게 어필하는 것이 포인트이다. 그래도 잘 모르겠다면 스스로에게 질문을 던지고 답을 해보자.

- 내가 1년 일한 직장에 신입을 뽑아야 한다면 어떤 신입이 들어왔으면 좋겠는가?
- 내가 중간 관리자라면 어떤 신입이 들어왔으면 좋겠는가?
- 내가 대표라면 어떤 신입을 키워보고 싶겠는가?

이에 대한 답변은 본인 스스로가 내려야 한다. 그리고 내가 그런 신입이 들어오길 원한다면 당연히 나도 그렇게 일할 준비가 되어 있어야 한다. 당신이 할 수 없는데 그런 사람이 들어오기를 바라는 것은 말이 안 된다. 그리고 내가 바라는 기준이 내가 잘할 수 있는 기준이 될 수도 있다. 내가 이상적으로 생각하는 신입의 모습은 어떤 모습인가? 어떤 자질을 갖춘 사람인가? 명심하자. 내가 세운 기준 이상으로 보여줄 수 있는 준비가 되어 있는 사람만이 성공적인 사회생활을 누릴 수 있다.

| 자기소개서 작성법 |

항목		내용
항목	필수	① 지원 동기 ② 성격의 장점 및 단점/인성 역량 ③ 기술 역량(추후 작성) ④ 입사 후 포부(요청 포함)
	선택 (2~3개)	① 성장 과정 ② 학교생활 및 경험 ③ 대외 활동 및 입상 경험 ④ 인생의 가장 큰 실패와 교훈 ⑤ 인생의 성취감을 느꼈던 경험 ⑥ 존경하는 인물과 이유 ⑦ 나의 삶에 가장 큰 영향을 끼친 사건(또는 인물) ⑧ 삶의 모토 또는 가치관 ⑨ 나의 약점을 극복할 수 있는 강점 (비전공, 나이, 학점 등) ⑩ 그 누구보다 뛰어난 나만의 강점 세 가지 ⑪ 나의 궁극적인 꿈 ⑫ 나의 롤 모델 ⑬ 10년 후 나의 모습 ⑭ 내 인생의 터닝 포인트 ⑮ OOO(기업)에게 하고 싶은 말 ⑯ OOO(기업)이어야만 하는 이유
배치		**일반적 항목 배치 순서** ① 성장 과정 ② 지원 동기 ③ 학교생활 및 경험 ④ 성격의 장점 및 단점/인성 역량 ⑤ 기술 역량 ⑥ 입사 후 포부(요청 포함) **나만의 이력서** – 본인이 가장 중요하게 생각하는 항목을 맨 위에 배치!! – 지원 동기나 포부를 가장 위에 배치!! (인사담당자가 중요하게 보는 부분은 지원 동기와 포부이기 때문)
분량		A4 1장~1장 반(한눈에 보기 좋게 문단을 나눠서 작성)
양식		**내용 작성 시** 줄간격: 160% 제목 크기: 13pt, 진하게 본문 크기: 10pt 글자 모양: 나눔 고딕 글자색: 검정 강조 부분: 밑줄, 진하게, 색상(빨or파) 줄나눔 기준(Alt+T): 한글 단위 → 어절 **편집 용지 – 메뉴[파일]–[편집용지] / F7** 용지 여백 위쪽(T): 20.0 머리말(H): 0.0 왼쪽(L): 15.0 오른쪽(R): 15.0 제본(G): 0.0 꼬리말(F): 0.0 아래쪽(B): 15.0
[필수] 헤드라인 작성		**지원 동기** '반드시 성취해내고 마는 사람' ← 이 부분이 헤드라인 ◈ 헤드라인 – 인사담당자들의 관심을 끌기 위해 본인을 한 문장으로 나타내는 핵심 타이틀!! 인사담당자의 흥미를 끌고 나를 잘 나타낼 수 있는 문장을 만들어서 자신을 어필한다. 적절한 한자성어나 격언, 명언, 광고문구 등을 사용해도 좋다.

– 헤드라인은 각 항목마다 첫 줄에 적는다(자소서 항목 6개 → 헤드라인도 6개).
– SWOT 분석 그룹 상담 때 경험했던 '한 문장 만들기' 방법을 활용한다.
ex) 1++가 될 수 있는 인재
ex) 가려운 곳을 긁어주는 효자손 같은 여자
ex) 리더십과 팔로워십의 대가!!

	호감을 주는 문구	식상한 문구
헤드라인 샘플	– 긍정적이고 밝은 문구(84.9%) – 팀워크 문구(82.5%) – 책임감과 협동심이 많은 문구(73.8%) – 성실하고 근면한 문구(73.0%) – 열정적인 문구(63.5%) – OO 분야의 전문가가 되고 싶다는 문구(62.7%) – 친구가 많은 문구(55.6%) – OO한 경험을 통해 OO를 키운 문구(54.0%) – 독립적인 문구(51.6%) – 최선을 다하는 문구 (46.8%)	– '나는'으로 시작하는 문장이 중복되는 문구(80.2%) – '뽑아만 주신다면'이라는 문구(73.0%) – '우등생, 반장, 1등'이라는 문구(71.4%) – '엄격하지만 자상하신 부모님의 가르침'이라는 문구(66.7%) – '화목한 가정의 몇남 몇째로 태어나'라는 문구(62.7%) – '초일류, 최고의'라는 문구(61.1%) – '무슨 일이든 열심히'라는 문구(57.9%) – '솔직히 말씀드리면'이라는 문구(56.3%) – '준비된 인재'라는 문구(56.3%) – '약속드립니다'라는 문구(55.6%)
주의 사항	① '남'의 이력서가 아니라 '나'만의 이력서 쓰기(표절X) ② 중요한 항목은 반드시 직무와 연결되도록 작성하라. ③ 전체적으로 한눈에 보기 깔끔하게 작성하기(너무 빡빡하지 않게) ④ 맞춤법 오류 수정하기(빨간 줄 확인하기) ⑤ 각 항목에 대한 기입이 잘 되어 있는지 확인하기(헤드라인과 내용의 일치성) ⑥ 이력서를 '연애편지'라고 생각하라. – '이름'을 정확하게 부르르 = '귀사'라는 단어 반복하지 말기! 내가 입사하고자 하는 기업의 이름을 정확하게 언급하기 – 많은 사람들 중에 오직 '너'에게 마음이 끌리는 이유 = 많은 기업들 중에 오직 '그 기업'에 들어가고 싶은 이유 – 귀찮아하지 말고 진정성 있게 작성하라(입학, 졸업, 자격증 날짜 확인) – 나랑 사귀자(요청하기) = 꼭 뽑아주세요. 꼭 연락주세요(요청하기) ⑦ 머리말 or 꼬리말에 이름과 전화번호 기재하기 ⑧ 작성 완료 후 상단에 커서를 놓고 저장하기	
제출 방법	① 구직 사이트 바로 접수 ② 개별 인사담당자 이메일 접수	제목: (지원부서)_(신입/경력)_입사지원서_OOO 입니다.

합격할 수밖에 없는
면접스킬

첫인상 3초의 '초두 효과'를 기억하라

미국의 사회심리학자 솔로몬 애시(Solomon Asch)는 첫인상에 관련된 재미난 실험을 했다. 두 집단에게 빅터(가명)라는 사람을 소개하며 네 가지 특성을 순서만 바꿔서 이야기했다.

- A 집단: 똑똑하다, 근면하다, 고집이 세다, 질투심이 강하다.
- B 집단: 질투심이 강하다, 고집이 세다, 근면하다, 똑똑하다.

단어를 나열하는 순서만 거꾸로 했을 뿐, 똑같은 단어로 한 사람을 소개한 것이다. 그런데 두 집단이 바라본 그 사람의 첫인상은 완전히 달랐다. A 집단은 '빅터가 대체로 성실한 사람인 것 같다'라고 이야기한 반면 B 집단은 '빅터는 문제가 많은 사람같이 느껴진다'라고 이야기했다. 이처럼 최초에 입력된 정보로 인해 그 사람을 바라보는 첫인상은 얼마든지 달라질 수 있다. 이것을 전문 용어로 '초두 효과'라고 한다.

초두 효과(Primacy Effect)란 먼저 제시된 정보가 나중에 들어온 정보보다 사람의 기억에 더 큰 영향을 미치는 심리현상을 말한다. 여기서 초두(Primay)란 사람을 처음 본 후 머릿속에 남는 첫인상을 뜻하는데, 초두 효과는 처음에 들어온 정보에 따라 뒤의 정보도 이에 맞춰서 해석하려는 경향으로 발생된다.

또 첫인상을 결정하는 시간에 대한 흥미로운 조사 결과는 나라별로 조금씩 차이가 있었는데 미국인은 15초, 일본인은 6초, 한국인은 3초라는 결과가 나왔다. 다른 나라보다 상대적으로 우리나라 사람들이 누군가를 만날 때 이야기를 나눠보기도 전에 첫인상 3초만으로 그 사람을 판단하는 경향이 강하다는 것이다. 그리고 이렇게 형성된 첫인상을 바꾸기 위해서는 60번을 만나봐야 겨우 조금씩 바뀔 수 있다고 하니 면접에서도 여러분은 3초의 중요성을 반드시 기억할 필요가 있다.

복장 및 준비 사항

한국의 면접에서는 3초가 중요하기 때문에 여러분은 초두 효과를 극대화하기 위해 복장 및 준비 사항을 철저하게 체크해야 한다. 먼저 복장은 깔끔한 차림이 좋다. 취업용 면접에서는 정장을 요구하는 곳도 많지만 요즘에는 편하고 깔끔하게만 입고 오면 된다고 이야기하는 기업도 많다. 또는 정장은 절대 안 된다라고 이야기하는 재미있는 기업도 있다. 기업의 문화는 기업마다 너무나도 다르기 때문에 이 점은 면접 연락을 받을 때 담당자에게 꼭 미리 물어보는 편이 좋다. 헤어스타일은 최대한 단정히 정리하고 화장은 너무 진하지 않게 하도록 주의하자. 면접은 소개팅과는 살짝 다르다. 남성적인 매력, 여성적인 매력을 어필하기보다 직무에 적합한 사람이라는 직무 적합성의 매력을 어필하는 것에 집중하도록 하자.

준비 사항으로는 첫째, 면접 하루 전날 면접 장소까지의 경로와 이동 시간을 체크하는 것이다. 그래야 면접 당일 시간적인 여유를 두고 출발할 수 있다. 면접날부터 시간을 지키지 않는다면 당신이 합격할 점수에서 어느 정도 차감이 될 수 있으니 주의하자. 둘째, 입사지원서 1부를 출력하여 봉투 혹은 엘홀더에 넣어가자. 구직 사이트를 통해 이미 지원서를 넣어놨을지라도 만일의 상황을 대비하여 입사지원서를 출력해가면 사장님이 출력해야 하는 상황이 생길 때 번거로움을 덜어드릴 수 있어서 좋은 인상을 심어줄 수 있다. 이때 포트폴리오나 프로젝트 기술서도 있다면 챙겨가는 것이 좋다. 셋째, 자신 있는 태도와 미소를 준비하자. 평상시에 잘 웃지 않는 사람들은 본인의 표정이 어떤지 잘 모른다. 거울을 수시로 보면서 밝게 인사하는 법, 호감이 가는 미소를 짓는 법을 수시로 연습해서 익혀두자.

자신이 이 일의 적임자임을 어필하라

입사지원서와 면접에서 중요한 공통점 중 하나는 '나를 직무와 어떻게 잘 매칭시킬 것인가?'가 중요한 열쇠라는 것이다. 사장님은 지원자가 일에 대해서 어느 정도의 지식이 있는지, 자격이 있는지, 경험이 있는지를 가장 중점적으로 살펴볼 것이다. 사무직은 꼼꼼함과 문서 능력을 볼 것이고 서비스업종은 고객을 응대하는 자세와 적극성을 볼 것이다. 어떤 종류의 직무에 지원하든지 당신이 1순위로 채용되고 싶다면 당신이 지원하는 일에 대해서 얼마만큼 준비를 했으며 어떤 능력을 발휘할 수 있는지를 어필하는 것이 좋다.

예를 들어 서비스업이라면 당신이 이 서비스를 고객에게 얼마나 극대화하여 제공해줄 수 있는지를 어필하는 것이 좋고, 마케팅 직무라면 현재의 마케팅 트렌드에 얼마나 최적화된 역량을 갖고 있으며 빠르게 변화하는 마케팅 매체에 대한 지식을 얼마나 소유하고 있는지를 어필하는 것이 중요하다. 동종업에 대해 일해본 경력이나 경험이 없더라도 당신이 갖고 있는 경험이나 강점이 어떻게 이 직무에서 활용될 수 있을지에 대한 미래지향적인 장점들을 어필하면 된다. 밑도 끝도 없이 "꼭 저를 뽑아주십쇼! 열심히 하겠습니다!"라고 이야기하는 무대포식 면접은 이제 통하지 않는 세상이다. 당신의 스토리를 통해 인사담당자가 당신을 뽑을 수밖에 없도록 충분한 이유와 근거를 만들도록 하자.

마지막 인상으로 쐐기를 박아라

초두 효과와 마찬가지로 중요한 것이 마지막 인상이다. 이를 전문 용어로 최신 효과라고 하는데, '최신 효과(Recency Effect)'는 미국 템플 대학교 심리학 교수 로버트 라나(Robert Lana)가 제시한 심리학 용어로, 가장 나중에 혹은 최근에 제시된 정보를 더 잘 기억하는 현상을 말한다. 예를 들어 시험을 치를 때 마지막에 공부했던 내용이 더 잘 기억난다거나 경연대회에서 마지막 순서의 참가자가 초반에 참가한 참여자보다 더 좋은 점수를 받을 확률이 크다는 예시로 설명될 수 있는 심리적 효과이다.

어느 곳이든 마찬가지이겠지만 사장님은 한두 명의 지원자를 면접 보고 채용을 결정하지 않는다. 나도 카페를 경영하면서 두 명의 직원을 채용하기 위해 지원자 200명 중 20명의 지원자를 면접 봤다. 면접을 보면서 임팩트가 없거나 '이 사람은 아니었어'라는 인상이 강하면 자연스럽게 그 지원자는 제외된다. 그렇게 과거를 떠올리는 기억 속에서 그 사람의 인상을 떠올리는 경우에는 마지막 인상이 가장 깊게 각인되기 마련이다. 그렇게 수많은 지원자들 중에 생각나는 사람이 바로 채용되는 사람이 되는 것이다. 이를 위해서는 임팩트 있는 마지막 인상을 위해 준비하는 자세가 필요하다.

"제가 아르바이트를 할 때에도 저를 선택하신 사장님들께서는 단 한 번도 후회한 적이 없으셨습니다. 면접관님의 선택이 ○○○(기업)을 위한 최고의 선택이 될 수 있도록 앞으로 제 삶으로 보여드리겠습니다. 꼭 연락 주십쇼!"라는 자신 있는 한마디를 던지는 것도 좋고, 각오가 담긴 카드나 편지 한 장을 건네는 것도 좋다. 오늘 이렇게 면접의 기회를 주셔서 감사하다는 땡큐 메시지를 전하는 것도 좋다. 당신이 할 수 있는 최선을 다한다면 당신은 어떤 면접이든지 백전백승의 구직자가 될 수 있다. 꼭 자신만의 임팩트 있는 마지막 인상을 만들어서 인사담당자가 면접날 잠들기 전에 한 번 더 기억하는 지원자가 되기를 바란다.

근로계약서 똑똑하게
작성하기

근로기준법 제17조에 따라 고용주는 근로자에게 근로계약서를 작성하여 교부해야 하고 이를 이행하지 않는 경우에는 500만 원 이하의 벌금에 처해질 수 있다. 본 장에서는 당신이 취업을 앞두고 있어 근로계약서를 처음으로 써야 하는데 어떤 부분을 중점적으로 확인해야 하는지 전체적으로 짚어보도록 하겠다. 기업마다 근로계약서 양식은 모두 다르지만 반드시 들어가야 하는 내용은 기재가 되어 있어야 하므로, 고용노동부의 표준근로계약서에 기재된 순서대로 설명하도록 하겠다. 단, 여러분은 순서보다는 반드시 들어가야 할 내용을 위주로 기억하기 바란다.

[근로기준법 제17조(근로 조건의 명시)]

① 사용자는 근로계약을 체결할 때에 근로자에게 다음 각 호의 사항을 명시하여야 한다. 근로계약 체결 후 다음 각 호의 사항을 변경하는 경우에도 또한 같다.

1. 임금
2. 소정근로시간
3. 제55조에 따른 휴일
4. 제60조에 따른 연차유급휴가
5. 그 밖의 대통령령으로 정하는 근로 조건

② 사용자는 제1항의 제1호와 관련한 임금의 구성 항목, 계산 방법, 지급 방법 및 제2호부터 제4호까지의 사항이 명시된 서면을 근로자에게 교부하여야 한다. 다만, 본문에 따른 사항이 단체협약 또는 취업규칙의 변경 등 대통령령으로 정하는 사유로 인하여 변경되는 경우에는 근로자의 요구가 있으면 그 근로자에게 교부하여야 한다.

기본정보

표준근로계약서(기간의 정함이 없는 경우)

_____(이하 "사업주"라 함)과(와) _____(이하 "근로자"라 함)은 다음과 같이 근로계약을 체결한다.

1. 근로개시일 :   년 월 일부터
2. 근 무 장 소 :
3. 업무의 내용 :
4. 소정근로시간 : __시 __분부터 __시 __분까지 (휴게시간 : 시 분~ 시 분)
5. 근무일/휴일 : 매주 __일(또는 매일단위)근무, 주휴일 매주 __요일

기간의 정함이 없는 경우를 '정규직', 기간의 정함이 있는 경우는 '계약직'으로 분류되므로 근로계약서 작성 시 가장 먼저 확인해야 할 부분이다. 다음으로 기본정보에 포함되는 부분은 사업주와 근로자의 기본정보(기업명, 근로자 이름, 주소, 전화번호 등)가 표기되며 근무 장소의 정확한 주소를 확인하고 근무 장소가 한 곳으로 정해져 있는지 상황에 따라 유동적으로 달라질 수 있는지를 확인한다. 또한 업무의 내용에서 면접을 보면서 전달받은 내용 이외에 다른 부분이 추가적으로 들어가 있는지를 확인한다. 소정근로시간과 근무일/휴일도 정확하게 표기되어야 하는데 소정근로시간은 일 단위로 업무 시작시간과 종료시간이 표시되며 휴게시간(점심시간)이 표기된다. 보통 4시간 근무 시 30분의 휴게시간이 법적으로 보호되어 오전 9시~오후 6시 정규직 근로자의 경우 12~1시에 휴게시간이 주어진다. 근무일과 휴일은 주 5일 근무인지 6일 근무인지가 표기되며 주휴일은 언제인지가 표기된다.

또한 수습의 경우 1~3개월 사이에 얼마나 적용되는지 파악하여 본 임금의 몇 퍼센트로 지급되는지를 확인하자. 일반적으로 많은 기업에서 신입 사원의 경우는 2개월 수습기간으로 본 임금의 80퍼센트 지급 형태를 많이 사용하고 있다. 수습기간 적용 시 최대 3개월, 최저임금의 10퍼센트를 감액하여 지급할 수 있다. 연봉 기준으로 20~30퍼센트를 감액한다고 할 시에도 최저임금의 -10퍼센트 이상으로 감액할 수 없다.

> **[근로기준법 제50조(근로시간)]**
> ① 주간의 근로시간은 휴게시간을 제외하고 40시간을 초과할 수 없다.
> ② 1일의 근로시간은 휴게시간을 제외하고 8시간을 초과할 수 없다.
> ③ 제1항 및 제1항에 따른 근로시간을 산정함에 있어 작업을 위하여 근로자가 사용자의 지휘, 감독 아래에 있는 대기시간 등은 근로시간으로 본다.
>
> **[근로기준법 제54조(휴게)]**
> ① 사용자는 근로시간이 4시간인 경우에 30분 이상, 8시간인 경우에는 1시간 이상의 휴게시간을 근로시간 도중에 주어야 한다.
> ② 휴게시간은 근로자가 자유롭게 이용할 수 있다.

임금

> 6. 임 금
> - 월(일, 시간)급 : _____ 원
> - 상여금 : 있음 ( ) _____ 원, 없음 ( )
> - 기타급여(제수당 등) : 있음 ( ), 없음 ( )
>   · _____ 원, _____ 원
>   · _____ 원, _____ 원
> - 임금지급일 : 매월(매주 또는 매일) _____ 일(휴일의 경우는 전일 지급)
> - 지급방법 : 근로자에게 직접지급( ), 근로자 명의 예금통장에 입금( )

　　근로계약서에서 우리가 가장 중요하게 관심이 가는 부분이 바로 임금이다. 임금은 기본급 + 기타급여(급식수당, 유류지원비, 품위유지비, 자기계발비, 자격증 수당 등)로 책정되는데 기본급을 낮게 책정할수록 기업과 근로자가 부담할 세금이 줄어들어 기본급은 최저임금에 준하는 정도로만 책정하고 기타급여를 많이 책정하여 연봉을 맞춰주는 기업들이 많이 있다. 이때 기타급여에 포함되는 항목이 어디까지인지를 정확하게 파악하는 것과 기본급이 최저임금에 준하는지를 확인해야 한다. 최저임금은 2019년도 기준 최저시급 8,350원에 준하는 임금을 말하며 1인 이상 근로자를 사용하는 모든 사업장에 적용된다. 이를 위반 시 사용자는 3년 이하의 징역 또는 2천만 원 이하의 벌금을 부여받는다.

2018년도 최저임금은 7,530원이었고 2019년도 최저임금은 8,350원으로 인상되었다. 그러므로 2018년도 최저임금에 준하는 기본급은 1,573,770원 이상이어야 하며, 2019년도부터는 1,745,150원 이상이어야 최저임금에 위배되지 않는 기본급인 것이다. 그 이후 상여금의 여부와 임금 지급일, 지급 방식 등을 확인한다. 신입의 경우 부당하게 생각되는 부분이 있어도 말을 못 하는 경우가 많다. 하지만 어느 부분이 부당하다고 생각되는지는 미리 알고 있어야 1년 뒤 연봉 협상 시기가 되면 계약서를 갱신하고 싶다는 말도 쉽게 꺼낼 수 있다. 또한 이때 추가근무시간(연장근무, 야간근무, 휴일근무)에 대한 임금은 근로기준법에 따라 1.5배로 책정되어야 하지만 이를 모두 배제하는 포괄임금제를 시행하고 있는 기업인지를 확인하는 것도 중요하다.

포괄임금제는 추가근무시간(연장근로수당, 야간근로수당, 휴일근로수당)을 연봉에 이미 책정해두어 기타급여의 항목으로 넣어두는 기업이 있다. 포괄임금제를 시행하고 있는 경우 추가근무를 하더라도 1.5배의 추가수당을 받을 수 없고 기업의 입장에서는 당연하게 근로자에게 야근을 요청할 수 있으니 꼭 확인하도록 하자.

| 최저임금에 준하는 연봉 기준(최근 3년) |

최저임금	2017년	2018년	2019년
최저시급	6,470원	7,530원	8,350원
일급(8시간 기준)	51,760원	60,240원	66,800원
월급(209시간 기준)	1,352,230원	1,573,770원	1,745,150원
연봉(월급 × 12개월)	16,266,760원	18,885,240원	20,941,800원

연차유급휴가 및 4대 보험 적용 여부

7. 연차유급휴가
   - 연차유급휴가는 근로기준법에서 정하는 바에 따라 부여함
8. 사회보험 적용여부(해당란에 체크)
   □ 고용보험 □ 산재보험 □ 국민연금 □ 건강보험
9. 근로계약서 교부
   - 사업주는 근로계약을 체결함과 동시에 본 계약서를 사본하여 근로자의 교부 요구와 관계없이 근로자에게 교부함(근로기준법 제17조 이행)
10. 기 타
   - 이 계약에 정함이 없는 사항은 근로기준법령에 의함

                    년   월   일

(사업주) 사업체명 :   (전화 :   )
        주 소 :
        대 표 자 :   (서명)
(근로자) 주 소 :
        연 락 처 :
        성 명 :   (서명)

직장인에게 연차는 사막의 오아시스와 같은 소중한 존재이다. 근로기준법에는 1년 이상 근무한 근로자에게 연 15일의 연차 유급휴가를 보호하고 있으며 1년 미만 근로자의 경우 1개월 개근 시 다음 달에 1일의 유급휴가를 보호하고 있다. 그러나 연차대체제도를 시행하고 있는 기업의 경우에는 법정공휴일을 연차에 포함시키고 있는데 이 경우에 근로자가 자율적으로 사용할 수 있는 연차가 줄어들게 되므로 연차대체제도를 시행하는 기업인지 미리 파악해놓는 것도 좋겠다. 일반 근로자에게 법적으로 보호되는 휴일은 근로자의 날(5월 1일)과 주휴일(통상 일요일)이다. 그러므로 달력에 빨갛게 표시되는 법정공휴일은 공무원의 휴일이지 일반 사기업 근로자들의 휴일은 아닌 것이다.

또한 연차대체제도를 활용하는 기업이라면 연차에 며칠의 공휴일이 포함되며 근로자가 자유롭게 쓸 수 있는 휴일의 일수는 며칠인지 미리 파악해두는 것이 좋겠다(기업의 취업규칙에 따라 상이함). 다만 희망적인 것은 2020년 1월 1일부터 연차대체제도가 폐지되어 일반 근로자도 국공휴일에 유급휴일로 쉴 수 있으며 근로기준법에서 보장하는 1년 15개의 연차를 활용할 수 있게 된다. 이는 사업장의 규모에 따라 적용되는 시기가 상이하므로 본인이 근무하는 사업장의 규모를 확인해보도록 하자. 마지막으로 4대 보험의 네 가지 항목이 모두 적용되는지도 확인해야 하며 근로계약서는 2부를 작성하고 사용자와 근로자가 각 1부씩 소장해야 한다.

계약의 종료 및 연장

기간의 정함이 없는 경우(정규직)는 계약의 연장 및 갱신의 시기를 보통 계약서를 작성한 일을 기준으로 30일 전후로 지정하며 그 기간 내에 사용자와 근로자가 모두 특별한 의사표시가 없을 경우 기존과 동일한 근로 조건으로 재계약될 수 있다. 그러므로 계약일은 곧 나의 연봉 협상 시기라고 생각하고 반드시 기억해놓도록 하자. 기간의 정함이 있는 경우(계약직)는 재계약의 여부를 결정해야 하는 시기가 바로 계약일이다. 그러므로 이에 대한 방법과 협상 시기를 미리 근로계약서에 표기해놓도록 하자.

근로계약의 해지 사유

근로자가 사용자의 사업장에 막대한 피해를 입히거나 회사 내의 기밀문서, 정보 등을 유출했을 경우 등을 대비하여 해지 사유를 표기해둔 란이다. 이 부분은 미리 확인해놓고 근무를 하면서 서로 간 피해가 되지 않도록 조심하는 것이 좋겠다. 이에 대한 상세한 사항은 근로계약서에도 표기되지만 취업규칙에도 표기가 되는 사항이니 본인이 근로하는 사업장의 취업규칙도 상세하게 확인하여 주의하도록 하자.

표준근로계약서(기간의 정함이 없는 경우)

_____(이하 "사업주"라 함)과(와) _____(이하 "근로자"라 함)은
다음과 같이 근로계약을 체결한다.

1. 근로개시일 :   년   월   일부터
2. 근 무 장 소 :
3. 업무의 내용 :
4. 소정근로시간 : ___시 ___분부터 ___시 ___분까지 (휴게시간 : 시 분~ 시 분)
5. 근무일/휴일 : 매주 ___일(또는 매일단위)근무, 주휴일 매주 ___요일
6. 임 금
   - 월(일, 시간)급 : _____원
   - 상여금 : 있음 ( ) _____원, 없음 ( )
   - 기타급여(제수당 등) : 있음 ( ), 없음 ( )
      · _____원, _____원
      · _____원, _____원
   - 임금지급일 : 매월(매주 또는 매일) _____일(휴일의 경우는 전일 지급)
   - 지급방법 : 근로자에게 직접지급( ), 근로자 명의 예금통장에 입금( )
7. 연차유급휴가
   - 연차유급휴가는 근로기준법에서 정하는 바에 따라 부여함
8. 사회보험 적용여부(해당란에 체크)
   □ 고용보험 □ 산재보험 □ 국민연금 □ 건강보험
9. 근로계약서 교부
   - 사업주는 근로계약을 체결함과 동시에 본 계약서를 사본하여 근로자의 교부
     요구와 관계없이 근로자에게 교부함(근로기준법 제17조 이행)
10. 기 타
   - 이 계약에 정함이 없는 사항은 근로기준법령에 의함

                          년   월   일

(사업주) 사업체명 :   (전화 :   )
        주 소 :
        대 표 자 :   (서명)
(근로자) 주 소 :
        연 락 처 :
        성 명 :   (서명)

표준근로계약서(기간의 정함이 있는 경우)

_____(이하 "사업주"라 함)과(와) _____(이하 "근로자"라 함)은 다음과 같이 근로계약을 체결한다.

1. 근로개시일 :   년 월 일부터   년 월 일까지
2. 근 무 장 소 :
3. 업무의 내용 :
4. 소정근로시간 : ___시 ___분부터 ___시 ___분까지 (휴게시간 : 시 분~ 시 분)
5. 근무일/휴일 : 매주 ___일(또는 매일단위)근무, 주휴일 매주 ___요일
6. 임 금
   - 월(일, 시간)급 : _____원
   - 상여금 : 있음 ( ) _____원, 없음 ( )
   - 기타급여(제수당 등) : 있음 ( ), 없음 ( )
     · _____원, _____원
     · _____원, _____원
   - 임금지급일 : 매월(매주 또는 매일) _____일(휴일의 경우는 전일 지급)
   - 지급방법 : 근로자에게 직접지급( ), 근로자 명의 예금통장에 입금( )
7. 연차유급휴가
   - 연차유급휴가는 근로기준법에서 정하는 바에 따라 부여함
8. 사회보험 적용여부(해당란에 체크)
   □ 고용보험 □ 산재보험 □ 국민연금 □ 건강보험
9. 근로계약서 교부
   - 사업주는 근로계약을 체결함과 동시에 본 계약서를 사본하여 근로자의 교부 요구와 관계없이 근로자에게 교부함(근로기준법 제17조 이행)
10. 기 타
   - 이 계약에 정함이 없는 사항은 근로기준법령에 의함

                    년   월   일

(사업주) 사업체명 :   (전화 :   )
        주 소 :
        대 표 자 :   (서명)
(근로자) 주 소 :
        연 락 처 :
        성 명 :   (서명)

출퇴근이 가벼운
원룸 구하는 법

인생의 만족도를 높여주는 출퇴근 시간

2017년 잡코리아에 따르면 직장인 하루 평균 출퇴근 소요시간은 101.1분이다. 출퇴근만 한 달에 37시간이 걸린다. 출퇴근 시에는 대부분의 직장인이 대중교통을 이용하므로 정말 그야말로 지옥철의 노예가 된다. 참고로 직장인 출근 이동 수단은 대중교통 63.6퍼센트, 자가용/카풀 29.6퍼센트, 도보 3.9퍼센트, 자전거/스쿠터 2.9퍼센트이다.

출근을 하고 나면 일을 시작하기도 전에 지치고 퇴근을 하고 나면 집에 가자마자 바로 뻗음이다. 저녁이 있는 삶을 도대체 어떤 에너지로 즐길 수 있단 말인가? 그렇다면 통근시간을 짧게 만들 수 있는 방법은? 바로 회사 근처에 집을 얻는 것이다.

자취방을 구하기 전에 우선순위를 세워라

공무원인 아버지 덕분(?)에 나는 어렸을 때부터 아버지의 발령 소식 때마다 수없이 이사를 다녀야 했다. 그리고 대학교 2학년 2학기 때 갑작스레 휴학을 하면서 꿈에도 그리던 나 홀로 자취를 시작하였다. 그로부터 지금까지 여섯 곳의 원룸을 구하면서 어떤 자취방을 구해야 하는지에 대해서 나름대로 꿀팁을 많이 알게 되었다.

자취방을 구할 때는 먼저 자신이 고려하는 우선순위를 정하고 상세 내용을 정리한 뒤 부동산 매물을 보는 게 좋다. 이 순서에 따라 돌아다녀보면 자신이 계약할 집을 결정하기가 수월해진다. 다음 표 내용은 내가 자취방을 구할 때 중요하게 생각했던 부분도 포함했으므로 여러분의 상황과 여건에 맞게 수정하고 준비하기 바란다. 특히 1층이나 반지하는 여름에 굉장히 습하고 벌레가 나올 가능성이 크므로 웬만하면 피하기 바란다. 그래도 계약을 해야겠다면 지대가 높은 곳에 있는 건물을 택하고 여름에 가습기를 한 대 들여놓을 생각을 하고 계약을 진행하자.

주변에 마트나 식당 등의 편의시설이 없다면 식재료 장보기

| 방 구하기 전에 고려해야 할 사항 |

우선순위	상세 내용
가용 보증금	– 보증금 2,000만~3,000만 원 – 소액임차인 보호범위 내에 있는 보증금인가?
월세	– 40만 원 이하 – 풀 옵션(가스레인지, 냉장고, 책상, 신발장/ TV 및 전자레인지는 없음)
관리비	– 10만 원 이하(가스, 전기, 수도 포함)
층수	– 반지하와 1층 제외, 3층 이상 시 엘리베이터
대중교통	– 지하철역에서 10분 내외, 버스 정류장 – 직장에서 출퇴근 20분 이내
안전관리	– CCTV 설치, 경비 아저씨 상주, 유동인구 많음
주변 상권	– 주변 편의시설: 시장, GS슈퍼마켓, 편의점 2개 이상, 식당, 카페, PC방, 헬스장 등
주차 여부	– 한 달 기준 주차요금: 월 4만 원 – 기계식 주차장이라면 입구가 어디인지도 확인 (1층을 구할 경우 집 바로 아래가 주차장 입구이면 아침, 저녁으로 큰 소음 에 시달릴 수 있음)
기타	– 금연 건물인가? – 애완동물 출입이 가능한가? – 인터넷은 개별 설치를 해야 하는가? – 또는 건물 자체 일괄적으로 쓰는 통신사가 있는가? – 짐이 많아서 수납 공간이 많이 있는가? – 화장실과 싱크대 수압은 문제가 없는가? – 화재 발생 시 안내 사이렌 설치 유무, 소화기가 비치되어 있는가? – 방충망이 훼손되지는 않았는가? – 창문이 너무 크거나 너무 작지는 않은가? – 창문에 커튼은 집주인이 달아주는 항목인가? – 창문이 양쪽으로 설치되어 있는가? – 창문이 단일 창문인가 이중 창문인가? – 근처에 경찰서가 있는가?
예상되는 문제점	– 방음: 1층 엘리베이터 바로 옆에 있는 집은 소음 발생 우려됨 – 통풍: 창문이 한쪽에 있으면 환기가 잘 안 될 수 있음 – 채광: 앞에 건물이 있다면 빛이 잘 들어오지 않음

도 힘들고 주말마다 집에서만 밥을 해먹어야 해서 불편할 수 있다. 요리를 좋아한다면 냉장고 크기나 가스레인지의 화구 개수도 중요하다(지금 나의 집에는 화구가 한 개라 요리할 때 굉장히 불편하다). 그리고 음식 냄새가 옷에 밸 수 있으므로 오픈형 원룸보다는 분리형 원룸을 추천한다. 또 여성들은 집까지 가는 골목을 주의해서 살펴볼 필요가 있다. 가로등은 많이 있는지, 주변 분위기가 너무 어둡지는 않은지 살펴봐야 한다. 그러므로 여성이라면 큰 도로에서 많이 벗어나지 않고 반드시 CCTV가 설치되어 있는 집을 구하기 바란다.

자취방 계약 시 주의 사항

부동산에서 주인과 직접 대면하여 계약서를 작성하라

부동산 거래는 개인과 개인이 직접 대면하여 계약서를 작성하는 것이 안전하다. 만약 피치 못할 사정으로 집주인이 참석하지 못하여 공인중개사나 대리인이 올 경우 인감증명서가 붙은 위임장 원본을 첨부해야 하고, 계약금과 잔금은 반드시 임대인 명의 통장으로 입금해야 한다. 집주인과 대면하지 않고 계약서를 작성했다가 공인중개사가 중간에서 임대인이 제시한 보증금보다 더 많은 금액을 받고 차액을 챙겨서 달아나는 경우도 있다.

사업자등록증과 공인중개사의 신분을 증명할 서류를 받아두자

공인중개사는 그야말로 이 매물이 문제 없는 매물이라는 것을 확인해주는 역할을 하는 중개인이다. 부동산이 갑자기 사라지거나 공인중개사가 갑자기 연락이 안 되는 일이 없도록 그 업체의 사업자등록증과 공인중개사의 자격증 또는 신분증 사본 및 연락처를 받아두자.

건물 등기부등본을 꼭 확인하자

계약 전 등기부등본에서 계약서상의 임대인과 건물주가 일치하는지, 건물 융자가 얼마나 있는지 확인해야 한다. 건물을 담보로 건물주가 대출받은 금액이 매매값의 80퍼센트가 넘어가면 경매에 넘어갈 위험이 있다.

경매에 넘어가면 최악의 경우 전세금을 한푼도 돌려받지 못하게 될 수도 있다. 등기부등본은 '인터넷 등기소'에서 수수료 700원을 지불하면 바로 확인 가능하다.

그리고 실제로 등기부등본상 호수와 계약하고자 하는 호수가 일치하는지도 반드시 확인해야 한다. 등기부등본상에는 404호로 나와 있으나 실제로는 504호로 적혀 있는 집을 계약했다가 이 건물이 경매에 넘어가면서 전세보증금을 모두 돌려받지 못한 사례도 있다.

불법 건축물인지 확인하라

옥상에 있는 원룸의 경우 등기부등본이 없다면 불법 건축물일 가능성이 크다. 또한 등기부등본상에 제시된 크기보다 훨씬 더 큰 경우는 불법으로 확장한 곳일 가능성이 있다. 이런 곳은 '이렇게 넓고 월세가 저렴한데 왜 안 팔리지?' 의심해볼 필요가 있다. 예를 들어 한쪽 벽면을 넓혀서 벽돌이 아닌 철판으로 확장한 테라스가 있다면 이것은 불법 증축 건물일 확률이 높다. 불법 건물은 추후에 문제가 생기면 보증금을 돌려받지 못하는 경우가 있으니 주의하자.

계약 기간은 1년으로 하라

보통 월세 자취방 계약은 1년이 적당하다. 1년을 계약하더라도 임차인(자취생)은 법적으로 2년간 거주할 권리를 보장받는다. 그러므로 일단 1년으로 계약을 진행하고 1년 더 살아도 괜찮다는 생각이 들면 그대로 1년 더 살면 된다.

계약서 특약 사항을 활용하자

- 보증금 반환 기간
- 잔금 지급일
- 관리비 포함 사항: 관리비는 건물을 관리하는 시설과 용역에 사용된다. 그러므로 관리비에 수도, 가스, 전기, 인터넷,

TV 수신료가 포함인지 별도인지를 확실하게 물어보는 것
이 좋다. 비포함이라면 보통 얼마 정도가 나오는지 물어봐
두어 예상 금액을 확보해두자.

• 월세 납입 방법(선불, 후불)

전입신고 후 확정일자를 받자

전/월세 보증금을 보호받기 위해서는 반드시 확정일자를 받
아야 한다. 확정일자를 받아야만 저당 관련 문제 발생 시(건물이 경
매에 넘어갈 경우) 임차인 보증금을 우선 변제받을 권리를 얻기 때
문이다. 전입신고와 확정일자는 이사 후 14일 이내에 끝내야 한
다. 계약서와 신분증을 지참하여 관할 주민센터를 방문하여 전입
신고 절차를 밟은 뒤 주민등록등본 1부를 발급받아 확정일자를
받으면 된다. 인터넷 민원 24에서도 신청 가능하다.

나는 매일 변화와
성장을 선택한다

나는 20대 초반부터 내 인생의 모토가 무엇이냐고 묻는 질문에 "Change the World!"라고 말했다. 여기서 World는 현상학적으로 보이는 물리적인 세상이 아니라 Values(가치관)이다. 같은 세상을 살아도 우리는 각자의 개성, 가치관, 삶의 목적에 따라 다른 삶을 살아간다. 나는 나를 만나는 모든 사람에게 교육과 상담을 통하여 긍정적인 변화를 만들어내는 자기경영 전문가, 동기부여가, 교육기획가, 직업상담사, 커리어코치가 되어주고 싶다.

우리의 인생은 욜로(You Only Live Once)이다. 진정한 욜로는 '한번 사는 인생, 나만의 행복을 가장 중시하고 미래 또는 타인을 위해 희생하지 말고 소비하며 즐기자'가 아니라 '한번 사는 인생, 후회 없도록 최선을 다해 살며 사랑하는 사람들과 함께 행복을 누리며 살자'가 되어야 하지 않을까? 단순히 한순간의 쾌락적인 행복을 위해 소비를 유발시키는 욜로는 당신의 삶을 결국 갉아먹는 주범이 될 것이다. 최선을 다해서 자신을 사랑하고 자기 인생을 사랑하고 열심히 사는 것이야말로 진정한 행복이 될 수 있지 않을까? 당신의 욜로는 어떤 스타일인가?

이 책은 당신이 20대로서 '나'와 '업'을 공부하고 사회에서 인정받는 '일잘러'가 되기 위해 갖춰야 할 기본적인 자세와 다양한 실용적인 지식들을 담았다. 나는 스스로 나의 20대를 돌아보며 '내가 보낸 20대의 10년은 최고로 행복했고 성공적이었다'라고 말할 수 있다. 내가 생각하는 행복과 성공에 대한 정의의 기준이 명확하기 때문에 내릴 수 있었던 결론이다. 행복과 성공은 추상적인 개념인지라 자신이 어떻게 기준을 내리느냐에 따라서 모두 상대적으로 다른 기준을 갖게 된다. 여기서 중요한 것은 행복과 성공에 대한 자신만의 정의를 내리는 것이다.

[자신만의 행복과 성공의 정의 만들기]
① 20대의 인생을 어떻게 살아가고 싶은가?
② 타인에 의해 영향받는 기준이 아니어야 한다.
③ 혼자서도 충분히 '행복/성공'을 누릴 수 있는 기준인가?
④ 20대 동안 당신이 이루고 싶은 '행복/성공'의 이상적인 모습은 무엇인가?

적어도 이 책을 읽은 당신은 누구보다 치열한 20대를 보내고 자신의 길을 찾아내어 30대에는 찬란히 빛을 발할 수 있는 청년이 되기를 바란다. 그런 간절한 마음으로 나는 이 책을 집필했다. 나는 10년 동안 열심히 내 인생을 경영해오니 10년 전과 지금의 나는 너무나도 많이 다른 모습이 되었다는 것을 몸소 경험했다. 대단한 방법은 아니지만 대단한 변화를 만들어내는 비결이었다. 그렇기에 나는 매일 조금 더 편한 길보다는 조금 더 불편한 길을 선택한다. 매일 변화하고 성장하기를 끊임없이 선택한다. 나는 당신도 나와 같이 긍정적인 변화와 성장거리들을 꾸준히 선택하고 무수히 많이 만들어가기를 바란다.

당신이 20대를 어떻게 살아내느냐에 따라서 당신의 30대는 지금과 완전히 달라지게 될 것이다. 당신이 만나게 될 사람들, 살아갈 세상의 모습, 당신의 미래의 모습 전부가 당신에게 달렸다. 당신이 드라마를 쓰는 작가인 듯, 영화를 만들어내는 피디인 듯 당신의 인생을 즐겁고 행복하게 이끌어가 보자. 당신의 스토리는 오직 당신의 손에 달렸다. 어떤 드라마를, 어떤 영화를 만들어갈 것인가? 당신이 당신 인생의 주인공이라니 벌써 흥미진진하지 않은가? 당신은 당신이 상상하는 모든 것을 도전할 수 있고 해낼 수 있다. 바로 오늘부터 우리 함께 시작해보자. 이 세상이 당신을 중심으로 흘러가도록.

봄이 오는 길목에서 박희연

북큐레이션 • 원하는 직장에서 꿈꾸고, 가슴 뛰는 삶을 살고픈 20대가 읽어야 할 책

나에게 적합한 회사를 찾고 있는 당신에게 날개를 달아줄 취업 스킬, 현실에 좌절하지 않고
매일 꿈을 향해 도전하는 이들의 이야기를 통해 인생의 변화를 경험하세요.

자소서의 정석

우민기 지음 | 18,800원

**자소서의 정석 서류 합격률 93%,
최종 합격률 87.5% 자기소개서의 신화!**

원스펙 아카데미 스타강사 우민기 쌤의 자기소개서 작성 노하우를 담았다.
국내에서는 유일하게 강사 자신의 서류통과 17승 기적을 일궈낸 합격 자기소
개서를 공개했다. 더불어 지난 4년간 3,500명의 취준생을 가르치며 익힌 합
격으로 이끄는 자기소개서 작성의 기본원리와 성장 과정 작성법, 성격의 장
단점 작성법, 학창시절 활동사항 작성법, 지원 동기 및 입사 후 포부 작성법
등 각 항목별 Good point와 합격자 자신이 분석한 합격요인, 더불어 우민
기쌤의 공략 포인트까지 실제적이고 구체적인 노하우를 소개했다.

취업면접의 정석

김정우 지음 | 18,800원

**면접에 나오는 모든 질문 총망라!
10문항, 300개 답만 알면 취업 OK!**

100전 100승 합격자들만 아는 1분 스피치 노하우 대공개. 면접은 생각보다
체계적이고 과학적으로 진행되지 않는다. 실제 면접 현장에서는 구직자의 이
미지가 합격 여부를 좌우하는 경우가 많다. 구직자의 이미지를 형성하는 데
에 가장 큰 역할을 하는 것이 바로 1분 스피치이다. 그래서 우리는 1분 스피
치에 목숨을 걸어야 한다.
저자는 면접 준비가 전혀 되지 않은 상황에서도 초반 1분 스피치만 제대로 하
면 합격의 문턱에 가까이 갈 수 있다고 말한다. 이 책에서는 1분 스피치를 가
장 효과적으로 할 수 있는 방법을 오프닝 멘트, 역량 소개, 클로징 멘트 세 단
계로 나누어 살펴본다. 그리고 각 부분을 가장 완벽히 대비할 수 있는 예제
50여 개를 통해 1분 스피치를 완벽히 준비할 수 있도록 도와준다.

불황의 시대, 일본 기업에 취업하라

정희선 지음 | 13,800원

도전하는 곳을 바꾸면 취업의 문이 열린다
고용절벽의 시대, 일자리가 넘치는 일본으로 떠나라

일본 기업은 한국 기업과 달리 스펙, 자격증이나 인턴 경험 없이도 취업할 수 있으며, 일어를 잘하지 않더라도 영어 실력만 있으면 취업이 가능하다. 이 책은 우리가 제대로 알지 못했던 일본 취업 정보를 완벽히 분석했다. 일본 직장생활의 장점과 취업 준비 노하우를 공유하여 생애 첫 일자리를 찾으려는 취업 준비생이나 이직을 꿈꾸는 사회초년생 및 경력사원, 글로벌 커리어를 꿈꾸는 모든 젊은이에게 일본 기업에 취업할 수 있는 성공 전략을 제시한다.

스펙, 토익 없이도 취업할 수 있는 전략

미친 실행력

박성진 지음 | 13,800원

지방대 출신, 공모전 기록 전무,
토익점수 0점의 저질 스펙 소유자!
미친 실행 하나로 국내 최고 유통 기업의 TOP이 되다!

"꿈과 열정을 가지세요! 생각하는 것만으로도 꿈을 이룰 수 있습니다."
자기계발서에 나오는 단골 멘트다. 저자는 이 말에 동의하지 않는다. 꿈과 열정을 가지고 생각하고 다짐만 한다면 절대 원하는 결과물을 얻을 수 없다. 아무리 뜨거운 열정과 큰 꿈을 가지고 있더라도 실행하지 않으면 아무짝에도 쓸모없는 것이 된다.

당신은 꿈꾸기 위해 태어났는가, 이루기 위해 태어났는가? 아무리 생생하게 꿈꿔도 소용없다. 그것을 실행시키는 사람만이 승자가 된다. 오늘 하지 못한 일은 평생 실행하지 못한다. 저자는 '언제 할까?' 고민하지 않고, '지금 당장' 움직이는 미친 실행력으로 인생을 180도 바꿨다. 인생을 바꾸고 싶다면, '지금 즉시, 될 때까지, 미친 듯이' 실행하라!

꿈을 향해 거침없이 나아가는 실행력!